À l'ombre du Roi Soleil – Im Schatten des Sonnenkönigs

von Angelika Calmez

Langenscheidt

Berlin · München · Wien · Zürich
London · Madrid · New York · Warschau

Lektorat: Bettina Müller Renzoni
Französischsprachiges Lektorat: Bettina Savino
Illustrationen: Rüdiger Trebels
Umschlaggestaltung: init.büro für gestaltung, Bielefeld,
unter Verwendung einer Illustration von Rüdiger Trebels

www.langenscheidt.de

Umwelthinweis: gedruckt auf chlorfrei gebleichtem Papier

Satz: Franzis print & media GmbH, München
Druck: Mercedes-Druck, Berlin
Printed in Germany

ISBN 978-3-468-20659-7

11010

Inhalt

Wetten, dass?

Endlich Sommerferien! Hanno lehnte sein Fahrrad gegen die Hauswand und schloss die Haustür auf. Jetzt nur noch seinen Vater Steffen aufgabeln, und dann ab in die Freiheit! Steffen hasste Fahrradfahren. Aber um Hannos eins in Französisch zu feiern, hatte er ihm eine ganz besonders lange Radtour versprochen – ins Elsass! Es waren ja kaum zehn Radminuten bis nach Frankreich. Hanno fuhr sogar oft allein über die Rheinbrücke und zurück. Aber zu richtig langen Touren musste immer ein Aufpasser mit: sein Vater Steffen, seine Mutter Sabine oder Tante Bo. Nach Hannos Geschmack hatte keiner von ihnen oft genug Zeit.

"Wir können los!", brüllte Hanno die Stufen zum Keller hinunter. Von dort drangen die dumpfen Klänge von Steffens E-Gitarre zu ihm. Dann ging Hanno in die Küche, wo er auf dem Tisch einen Zettel von Sabine entdeckte.

Brötchen im Kühlschrank, Champignonpaste und Nutella (für Steffen)

Hanno lief das Wasser im Mund zusammen. Er liebte Champignonpaste. Marmelade oder Nutella fand er furchtbar. Da konnte man doch gleich einen Löffel Zucker aufs Brot streuen!

Angewidert steckte er neben seinem auch Steffens Nutella-Brötchen in den Rucksack und zog einen seiner zahlreichen selbstgestrickten Pullis über. Dann holte er Steffens Rad aus der Garage.

Eine halbe Stunde später befanden sie sich schon in Frankreich. Hanno hob sein linkes Handgelenk und betrachtete seine Stoppuhr. Sie sah aus wie ein dunkelrotes, flaches Plastikei. Genau als das Display fünf Minuten und 5,7 Sekunden anzeigte, erreichte er die Abzweigung mit dem Schild "**Centrale nucléaire**". Rekord schon wieder nicht geknackt! Wegen drei Zehntelsekunden! Aber heute regte ihn das verlorene Rennen gegen sich selbst gar nicht auf. Schließlich lagen herrliche Ferientage vor ihm, genau jetzt sogar noch eine extra-lange Route voller ausgedehnter Rennstrecken! Wenn er nur endlich ein neues Fahrrad hätte! Am liebsten ein Mountainbike mit vollgefedertem Carbon-Rahmen, Vario-Sattelstütze und Lenkerfernbedienung! Statt den Rhein hoch- und runterzujagen – zugegebenermaßen nicht das Schlechteste – könnte er spannende Cross-Country-Touren im Schwarzwald unternehmen. Oder in den Vogesen. Aber vor Weihnachten brauchte er das Wort 'Mountainbike' nicht einmal mehr in den Mund zu nehmen, hatte seine Mutter ihm klar

---

centrale nucléaire Kernkraftwerk

gemacht. Und wenn Sabine etwas sagte, hielt man sich besser daran. Sie war nämlich Sportlehrerin an Hannos Schule. Niemand konnte sie daran hindern, Hanno Extra-Runden aufzubrummen.

Wo sein Vater nur blieb? Hanno wartete auf dem Radweg, genau gegenüber der Einfahrt zum Kernkraftwerk. Direkt an der Schranke, hinter dem Zaun, lag die Pförtnerloge. Zwei Männer in dunkelblauen Uniformjacken dösten hinter den Glaswänden in ihren Stühlen. Plötzlich stand einer von ihnen auf. Er verschwand im Inneren des winzigen Gebäudes und kam durch eine Hintertür heraus. Der Pförtner näherte sich der Schranke, hinter der inzwischen ein schwarzes, protziges Auto wartete. Mit laufendem Motor!

Hanno spürte den Drang, zu dem Fahrer hinzugehen und zu sagen: “Monsieur, **apparemment**, vous **ne** savez **pas comment arrêter un moteur**. **Il suffit de tourner la clé vers la gauche**, vous voyez…?” Dann würde er durch die Scheibe nach dem Zünd-

---

apparemment anscheinend
ne … pas nicht
comment arrêter un moteur wie man einen Motor abstellt
il suffit de tourner cette clé vers la gauche man braucht den Schlüssel nur nach links zu drehen

schlüssel greifen und ihn drehen. "C'est très facile! **Je vous le montre encore une fois?**"
Hanno stellte sich das Gesicht des Fahrers vor und kicherte in sich hinein. Währenddessen beobachtete er, wie der Pförtner vor dem Fahrer des Wagens eine Verbeugung andeutete und ihm durch die Scheibe eine Mappe hereinreichte. Dann ging die Schranke auf. Die Luxuskarosse näherte sich langsam, aber mit hämmerndem Motor der Kreuzung, an der Hanno wartete, bog nach Süden ab und sauste blitzartig davon.

Endlich kam sein Vater als heller Punkt in Sichtweite! Er war eben Rockmusiker und nicht Radsportler. Wenn Hanno einen Fitness-Riegel aufriss, steckte sich Steffen garantiert eine Zigarette an. Hanno konnte sich auch schon lebhaft den Dialog mit dem Kellner der ***Bar des Sports***, ihrem ersten Etappenziel im nächsten Ort hinter dem Kernkraftwerk, ausmalen: "Une **grenadine sans glaçon**, s'il vous plaît",

---

Je vous le montre encore une fois? Soll ich es Ihnen noch einmal zeigen?
Bar des Sports Sportbar
grenadine Granatapfelsirup
sans glaçon ohne Eiswürfel

würde er bestellen, und Steffen: "Et une **bière pression bien fraîche** pour moi".
Das waren so ziemlich die einzigen fremdsprachigen Worte, die Steffen konnte. Aber dafür konnte er sie in Französisch, Englisch, Spanisch, Griechisch und Polnisch. Für den Rest übernahm Hanno das Übersetzen, wenn sie im Elsass auf Tour waren.
"Du machst mich fertig", keuchte Steffen, als er neben Hanno hielt.
"Du kannst dich ja noch ein bisschen ausruhen, ich fahr schon mal", sagte Hanno. "Ich warte vor der Bar auf dich!"
Er drückte wieder auf den Knopf seiner Armbanduhr. Der Rekord von hier aus bis zur *Bar des Sports* lag bei sechs Minuten und einer Sekunde. Diesmal brauchte Hanno eine ganze Minute länger! Er schaute auf die abgenutzten Kettenblätter, die rostigen Felgen und die bis zum Anschlag herausgezogene Sattelstange. Eigentlich war er längst aus diesem Rad hinausgewachsen. Und ohne ein neues würde er seinen eigenen Rekord wohl nie brechen!

Die Bar lag an einem von Bäumen umsäumten Marktplatz, schräg gegenüber einer Kirche. Hanno befestigte sein Rad an einer Metallstange auf der

---

bière pression Bier vom Fass
bien fraîche schön kühl

gegenüberliegenden Platzseite, setzte sich auf eine Bank und wartete auf Steffen. Ein paar Männer spielten Boule. In der Ferne hörte er eine Kuh muhen.

Plötzlich näherte sich ein dunkler, protziger Wagen mit getönten Scheiben und parkte nahe der Bar am Straßenrand. Das war doch der Schlitten vom Kernkraftwerk! Und was war das für ein Mädchen, das sich dem Wagen näherte? Sie mochte so alt sein wie Hanno, trug eine Sonnenbrille und war ganz in pink gekleidet. Neben ihr her trabte ein ziemlich großer, heller, zotteliger Hund. Der blonde Pferdeschwanz des Mädchens stand unter einer pinken Schirmmütze hervor, die ein Motiv aus glitzernden Strasssteinen trug. Hanno versuchte es genauer zu erkennen. Eine Schildkröte? Ein Rennauto?
Das Mädchen beäugte den Wagen genau von allen Seiten. Sie schien darauf zu warten, dass die Fahrertür sich öffnete. Heraus stieg ein Mann im Anzug, den sie augenblicklich mit einem Wasserfall an Worten übergoss.
"Monsieur", legte sie los, "vous êtes le **propriétaire** de cette voiture?"
"Oui, c'est bien moi", reagierte der Mann, der eigentlich recht freundlich aussah.

---

propriétaire Besitzer

“**Je suis quand même très étonnée**”, fuhr das Mädchen fort. “Vous conduisez une Maserati **qui vaut plus de cent mille euros**, mais vous n’avez pas l’argent pour la **faire repeindre**.”
War das zu glauben? Dieses Mädchen legte sich mit einem Anzugtypen an, der mindestens dreißig Jahre älter war als sie! Dezent wechselte Hanno die Bank, um dichter am Geschehen zu sein.
Jetzt konnte er sehen, dass das Motiv auf der pinken Kappe tatsächlich ein Rennauto war. Ungewöhnlich! Das Mädchen blickte dem Mann fest in die Augen. Jedes Mal, wenn er etwas sagen wollte, ließ sie einen erneuten Wortschwall über ihn ergehen. Schließlich beließ er es bei ein paar beschwichtigenden Gesten, die der Hund genau zu überwachen schien. Apropos Hund. Seinen Kopf krönte eine pinke Schleife. Am Arm des Mannes konnte Hanno eine schwere Armbanduhr erkennen. Bestimmt hatte sie eine Stopp-Funktion. Hannos Ärger über den skrupellosen Umweltsünder löste sich erst in Mitgefühl und dann in Sympathie auf.
Das Mädchen deutete vorwurfsvoll mit ausgestrecktem Zeigefinger auf den linken Kotflügel. Hanno

---

je suis quand même très étonnée ich bin schon ganz schön erstaunt
qui vaut plus de cent mille euros der mehr als hunderttausend Euro kostet
faire repeindre lackieren zu lassen

meinte dort eine Stelle zu erkennen, wo der Lack abgeplatzt war.
"**Vous n'avez pas honte?**", brüllte das Mädchen. "C'est un **péché** de **négliger** une Maserati **comme ça**! Cette voiture est une vraie **déesse**!"
Sie schlug sich die Hand vor die Stirn und schüttelte so wild den Kopf, dass ihre viel zu große Sonnenbrille verrutschte.
Der Mann schickte einen hilflosen Blick über den Platz, der ausgerechnet an Hanno kleben blieb. Hanno hatte keinerlei Lust, sich einzumischen. Aber konnte er den Mann im Stich lassen? Er stellte sich neben das Mädchen. Mehr schien man auch nicht von ihm zu erwarten. Der Hund beäugte Hanno neugierig.
Der Mann wandte sich nun wieder dem Mädchen zu. Er ging leicht in die Knie, um auf Augenhöhe mit ihr zu sprechen.
"**Comment t'appelles-tu?**", fragte er.
"Natalie Leroux".

Vous n'avez pas honte? Schämen Sie sich nicht?
péché Sünde
négliger vernachlässigen
comme ça so
déesse Göttin
Comment t'appelles-tu? Wie heißt du?

"La fille de Marc Leroux, **entreprise** pour **systèmes solaires**?"
Das Mädchen nickte.
Der Mann hob den Daumen, den Zeigefinger und den Mittelfinger zur Schwurhand.
"**C'est promis**: moi, Christophe Rayon, **directeur** de la centrale nucléaire, **jure** à Natalie Leroux de **mieux m'occuper** de ma Maserati. **Ce soir même, je l'emmènerai au garage.**"
"Mais au garage du village!", beeilte sich Natalie zu sagen.
"Bon, d'accord", seufzte der Direktor.
Sie gaben sich die Hand.

Im Moment, als der Direktor sich wieder aufrichtete, stürzte aus der Bar ein kleiner, verschwitzter Mann mit rotem Glatzkopf. Er trug ebenfalls einen Anzug. Hanno grinste. Der Mann sah aus wie ein Schwein im Kommunionsanzug.

---

entreprise Unternehmen
systèmes solaires Solaranlagen
c'est promis versprochen
directeur Direktor
jure (à) schwöre
mieux m'occuper (de) mich besser (um) … zu kümmern
Ce soir même, je l'emmènerai au garage. Noch heute abend werde ich ihn in die Reparaturwerkstatt bringen.

“**La petite ne vous a pas dérangé, j’espère**, monsieur le directeur?”, keuchte er, anscheinend ehrlich besorgt. In zuckersüßem Tonfall flötete er auf den Direktor ein: “**Au nom de la commune**, **je vous prie d’accepter mes excuses**. **Quelle impertinente,** cette – **parisienne**!” Das “parisienne” schleuderte er voller Abscheu heraus, mit einem verachtungsvollen Seitenblick auf das Mädchen. Wie gemein und ekelhaft! Hanno beobachtete, dass selbst der Direktor nach Fassung rang.
Inzwischen war ein viel größerer, aber nicht minder beleibter Kerl in einem fleckigen Blaumann hinter dem Schweinsähnlichen aus der Bar geschlurft und hatte sich wie ein schmutziger blauer Elefant hinter ihm aufgebaut. Unter seiner dicken roten Nase baumelte ein gewaltiger grauer Schnauzbart. Weder der Glatzkopf noch der Direktor beachteten ihn.
Mit einer eleganten Bewegung legte der Direktor dem Schweinsähnlichen seine freie Hand aufs Schulterblatt, in der anderen trug er die Mappe, die der Pförtner ihm ins Auto gereicht hatte.

La petite ne vous a pas dérangé, j’espère. Die Kleine hat Sie hoffentlich nicht belästigt.
au nom de la commune im Namen der Gemeinde
je vous prie d’accepter mes excuses bitte ich Sie um Entschuldigung
quelle impertinente wie unverschämt
parisienne Pariserin

"**Ne vous en faites pas**, monsieur Graisseux. **Je me suis très bien amusé** avec Natalie Leroux. **Parlons plutôt de vos souhaits**", sagte er höflich und schob den Verdatterten sanft in Richtung Bar.
Hanno fing noch ein freundliches Lächeln von ihm auf, dann war der Mann in der Bar verschwunden.

Zurück blieben Hanno, Natalie und der Elefant. Die Stimmung war betreten.
"Sorcière!" zischelte er Natalie zu und machte auf dem Absatz kehrt.
Hanno lief es kalt den Rücken herunter. Er hätte Natalie gerne etwas Tröstliches gesagt. Aber was? Er schaute auf seine Uhr und trat von einem Bein aufs andere. Natalie hatte sich offenbar beruhigt. Sie schien ihn jetzt erst überhaupt richtig wahrzunehmen. Ihre dunklen Augen blitzten ihn neugierig an.
Sie erklärte achselzuckend: "Mon ami Pierre est **mécanicien**", als wäre es das Normalste von der Welt, deswegen einen Direktor zur Schnecke zu machen. "Il n'a **encore jamais** eu une Maserati dans

---

ne vous en faites pas keine Sorge
je me suis très bien amusé ich habe mich sehr gut … amüsiert
parlons plutôt de vos souhaits sprechen wir lieber über Ihre Anliegen
mécanicien Automechaniker
encore jamais noch nie

son garage." Natalie legte schwärmerisch den Kopf zur Seite. "**Au niveau de la vitesse**, les Maseratis sont **imbattables**. **En plus**, elles **ont l'air**, comment dire, **musclées**!"
Hilfe! Konnte jemand noch mehr Unsinn von sich geben? Jetzt schaute sie Hanno auch noch erwartungsvoll an und wippte ungeduldig mit dem Pferdeschwanz. Was für ein seltsames Mädchen. Hanno hatte noch nie ein Mädchen getroffen, das einen Maserati anhimmelte wie andere Tokio Hotel.
Hanno räusperte sich. Er war wirklich der letzte, der etwas für dicke Autos übrig hatte. Den stupiden Kult um die umweltschädlichen Benzinschlucker fand er unerträglich. Irgendetwas an dem Verhalten dieser pinken Natalie reizte ihn.
"**Je parie que j'arriverai plus vite chez moi en Allemagne avec ma bicyclette** que toi avec ta Maserati", hörte er sich sagen.
Au weia! Was war nur in ihn gefahren? Wollte er mit seinem alten 24-Zoll-Reifen-Rad wirklich gegen

---

au niveau de la vitesse was die Geschwindigkeit angeht
imbattables unschlagbar
en plus außerdem
ont l'air sehen … aus
musclées stark
Je parie que j'arriverai plus vite chez moi en Allemagne avec ma bicyclette … Wetten, dass ich schneller mit dem Fahrrad bei mir zu Hause in Deutschland bin …

diesen Schrecken der Straße antreten? Aber er dachte an die vielen Geschwindigkeitsbegrenzungen für Autos auf der Strecke über den Rhein und die endlos langen Staus. Mit ein bisschen Glück war das Rennen zu gewinnen. Warum also nicht?

Plötzlich bog Steffen um die Ecke. Hanno fiel auf, dass sein Vater mitten im Sommer speckige Cowboystiefel trug. Außerdem war er furchtbar schlecht rasiert. Die Vorstellung, ihn Natalie vorstellen zu müssen, war ihm peinlich.

Doch sie streckte Hanno bereits ihre Hand entgegen: "**Tope-la!**", rief sie.

Offenbar hielt sie es für möglich, einen Maserati für die Wettfahrt aufzutreiben.

"Toi aussi, tu es en vacances?", fragte sie, als Hanno einschlug.

Er nickte: "Oui. **D'ailleurs**, je m'appelle Hanno."

Steffen war bereits dabei, sein Fahrrad neben Hannos anzuschließen.

"Demain à dix heures ici", rief Hanno, kehrte Natalie den Rücken zu und lief Steffen entgegen. Zum Glück ließ der sich überreden, gleich zur nächsten Etappe weiterzuradeln. Jetzt war es Hanno, der gedankenversunken trödelte.

Tope-la! Abgemacht!
d'ailleurs übrigens

Wer droht dem “Sonnenkönig”?

Genau um 9.47 Uhr und fünfzehn Sekunden erreichte Hanno am nächsten Morgen den Treffpunkt. Einige Männer und Frauen waren damit beschäftigt, blau-weiß-rote Girlanden, die sie aus dem Anhänger eines Traktors holten, von Baum zu Baum zu spannen.

Um Punkt Viertel nach neun war Hanno zu Hause losgefahren, erst über die Autobahnbrücke genau auf den Rhein zu, dann auf einem holprigen Weg am Ufer entlang bis zu der schmalen Brücke, die sich erst über den Rhein und dann über den **Grand Canal d’Alsace** spannte. Ab da führte die Route parallel zum Kanal Richtung Süden, immer geradeaus bis zur Abzweigung in Natalies Dorf. Hannos Rekord für die gesamte Strecke von zu Hause aus lag bei einundzwanzig Minuten und 26 Sekunden. Aber dafür musste er die ganze Zeit neben den Autos auf der Straße fahren. Das hatten seine Eltern ihm eigentlich verboten. Vorsichtshalber hatte er ihnen nichts über das Wettrennen erzählt.

Ob Natalie den Maserati inzwischen klar gemacht hatte? Ob sie überhaupt zum Treffpunkt kommen würde?

Grand Canal d’Alsace Rheinseitenkanal

Endlich sah Hanno einen hellen Knäuel auf sich zu rasen.
Eine bekannte Stimme rief: "Porsche! **Ici! Viens-là!**"
Das durfte nicht wahr sein! Hatte Natalie den Hund wirklich *Porsche* gerufen?
"Salut", begrüßte ihn Natalie.
Ganz selbstverständlich küsste sie ihn rechts und links auf die Wange. Hanno wurde es plötzlich viel zu warm in seinem T-Shirt. Abgesehen davon wirkte Natalie ganz anders als am Tag zuvor. Irgendwie, als wäre sie gerade aus dem Bett gestiegen.
"Qu'est-ce qui se passe?", fragte Hanno. "**Tes cheveux se dressent sur ta tête**, tu as les yeux **tout** rouges, et tu ne portes rien de **rose bonbon.**"
Zu seiner Überraschung stiegen Natalie die Tränen in die Augen.
"Un **cambriolage**!" quetschte sie heraus. "Dans l'**atelier** de mon père, c'est le **chaos total**!"

Ici! Hierher!
Viens-là! Komm her!
tes cheveux se dressent sur ta tête dir stehen die Haare zu Berge
tout ganz
rose bonbon bonbonrosa
cambriolage Einbruch
atelier Werkstatt
chaos total totales Chaos

"C'est **terrible**!", schüttelte sich Hanno. "On a volé quelque chose?"
"Apparemment **rien d'important**. Mais **le plus grave** c'est cette **inscription mystérieuse**." Natalie spuckte einen Kaugummi auf den Platz.
Hanno unterdrückte den Impuls, ihr etwas übers Müllwegwerfen zu sagen. Dafür war diese Inschrift viel zu spannend. Hanno brannte darauf, sie zu lesen.
"Tu me **montres** ça?", fragte er.

Porsche hüpfte ihnen voraus zu dem weißen Haus, in dem Natalie mit ihrer Familie wohnte. Die Eingangstür lag in einem breiten Hof, in den man von der Straße aus einfach hineingehen konnte. Von hier aus musste der Einbrecher – oder die Einbrecherin? – in die Werkstatt von Natalies Vater gelangt sein. Es war ein flacher Schuppen, dessen Eingang gegenüber der Haustür lag. Solarpaneele lehnten rechts und links davon an der Wand. Auf dem Boden lagen kantige Metallstangen und Kabelrollen durcheinander. Richtig, Natalies Vater installierte ja Solaranlagen.

---

terrible schrecklich
rien d'important nichts Wichtiges
le plus grave das Schlimmste
inscription mystérieuse geheimnisvolle Inschrift
montres zeigst

Die leuchtend gelbe Schrift an der Hauswand war nicht zu übersehen: "**Roi Soleil, ton trône vacille**". Was sollte das bedeuten? Kein Zweifel, dass es als Drohung gemeint war. Wie gruselig! Plötzlich legte sich Hanno von hinten eine Hand auf die Schulter. Er fuhr zusammen.

"Bonjour! Je suis Marc Leroux", sagte ein sympathischer Mann. "Et toi, tu es **sûrement** Hanno, le nouvel ami de ma fille! **Bienvenue** en France!"

Hanno fasste sofort Vertrauen zu Natalies Vater.

"Bonjour, monsieur", antwortete er.

So wie Marc Leroux "Hanno" gesagt hatte, hatte es eher wie "Anno" geklungen. Alte französische H-Schwäche, konstatierte Hanno insgeheim. Aber Hannos "bonjour" musste sich für Marc Leroux auch eher wie "bonnschur" angehört haben.

"Qu'est-ce qui s'est passé **exactement**?", fragte er ihn.

Marc Leroux atmete einmal tief durch und erzählte dann alles.

Roi Soleil, ton trône vacille Sonnenkönig, dein Thron wackelt (Anspielung auf Frankreichs König Ludwig XIV.)
sûrement sicherlich
bienvenue willkommen
exactement genau

"À quatre heures et demie, **j'ai été réveillé par un bruit**", begann er. "Quand j'ai regardé **par la fenêtre**, j'ai vu une **ombre** dans la cour **se diriger rapidement vers la rue**." Er seufzte. "Nous **vivons** ici **depuis un an et demi**", erklärte er, "**l'air est plus sain** qu'à Paris et c'est **plus paisible. Et maintenant il nous arrive ça!**"
Erbittert wies er auf die bedrohliche Schrift auf der Hauswand.

"Hanno, viens voir la **pagaille** dans l'atelier", rief Natalie.
Er folgte ihr durch die niedrige Tür. Im Halbdunkel des Raumes stieß sich Hanno schon beim ersten Schritt an einem umgeworfenen Regal. Der Boden lag voll mit Plastikteilen, Kabelresten und Werkzeugen.

---

j'ai été réveillé par un bruit wurde ich von einem Geräusch geweckt
par la fenêtre aus dem Fenster
ombre Schatten
se diriger rapidement vers la rue sich schnell in Richtung Straße bewegen
vivons leben
depuis un an et demi seit anderthalb Jahren
l'air est plus sain die Luft ist gesünder
plus paisible friedlicher
Et maintenant il nous arrive ça! Und jetzt passiert uns das!
pagaille Durcheinander

"Tu m'aides?", fragte Natalie und packte eine Ecke des Regals.
Mit etwas Mühe gelang es den beiden, das tiefe, aber niedrige Möbel wieder aufzurichten. Die Gegenstände vom Boden räumten sie in die leeren Bretter. Nach genau sechzehn Minuten und zwei Sekunden – Hanno hatte unmerklich seine Stoppuhr gedrückt – war der Boden wieder begehbar. Natalie durchwühlte noch einmal die Sachen.
"**Zut alors!**", rief sie. "Le **coffret de boules** n'est plus **là**! Et demain **aura lieu le grand tournoi de pétanque**! Pauvre papa. Il va être furieux!"
Hanno wunderte sich. Warum machten sechs fehlende Boulekugeln Natalie so fertig?
"Ce sont des boules bleues en **acier carbone** pour les **compétitions**", erklärte sie und kraulte dabei Porsche traurig hinter den Ohren. "Mon père a été le **vainqueur** l'année dernière, tu sais? Ces boules sont un cadeau du village. **Elles coûtent très cher.**"

Zut alors! Au Backe!
coffret de boules Boule-Koffer
là da
aura lieu le grand tournoi de pétanque wird das große Boule-Turnier stattfinden
acier carbone Carbonstahl
compétitions Wettkämpfe
vainqueur Sieger
Elles coûtent très cher. Sie sind sehr teuer.

Porsche presste seinen warmen Pelz tröstend an Natalies Beine.
Diese Kugeln mussten wirklich unersetzlich sein. Wenn Marc Leroux morgen ohne sie antrat, sah es wohl so aus, als habe er nie ein Turnier gewonnen. Hanno ließ seinen Blick gründlich in alle Ecken gleiten. War hier wirklich nichts mehr? Doch, da! Ganz hinten an der Wand lag noch ein Hammer auf dem Boden. Aber gerade, als er ihn aufheben wollte, löste sich Porsche von Natalies Seite, sprang zu dem Werkzeug und legte sich flach auf die Vorderläufe. Immer wieder schnappte er nach dem rotkarierten Taschentuch, das der Hammer am Boden festklemmte, knurrte und bellte. Sein Schwanz wedelte dabei hektisch hin und her.
Hanno tauschte einen Blick mit Natalie.
"**Il est à ton père, ce truc?**" fragte er.
"Mais non!", rief Natalie "C'est **dégoutant**!"
Das Taschentuch war ganz schön schmuddelig! Mit spitzen Fingern zog Hanno es unter dem Hammer hervor.
Porsche hatte ununterbrochen daran herumgeschnüffelt. Jetzt taperte er nach draußen, drehte den Kopf

---

Il est à ton père, ce truc? Gehört das Ding hier deinem Vater?
dégoutant ekelig

und bellte auffordernd. Es war, als wollte er sagen: “**Alors, qu’attendez-vous? Allons-y, enfin!**”

Wohin würde er sie führen?

“Nous **le suivons** à vélo”, entschied Hanno. “Où est **le tien**?”

Natalies Rad war ganz bestimmt pink und nicht besonders sportlich. Hanno war gespannt darauf, es zu sehen.

“Je n’ai pas de vélo!”, sagte Natalie streng. “Je ne suis pas une **écolo**, moi! C’est **démodé**, les bicyclettes!”

Das war unerhört! Hannos Rad war für ihn wie das Pferd für einen Cowboy. Es bedeutete Freiheit! Er konnte jeden beliebigen Ort damit erreichen, vorausgesetzt, dieser Ort lag nah genug, um zum Abendessen wieder zurück zu sein.

“Je **préfère** lire l’**auto-journal plutôt que de** faire du vélo, les jambes en l’air comme un singe”, sagte Natalie. “Dans quelques années, je pourrai conduire une **Mobylette**, c’est plus **moderne**.”

Alors, qu’attendez-vous? Also, worauf wartet ihr?
Allons-y, enfin! Lasst uns endlich gehen!
le suivons folgen ihm
le tien deins
écolo (Abkürzung für écologiste) Umweltschützerin
démodé altmodisch
l’auto-journal französisches Automagazin
préfère … **plutôt que de** ... lieber … als … zu
Mobylette französische Mopedmarke
moderne modern

Hanno fühlte sich wie ein zorngefüllter, roter Luftballon kurz vor dem Platzen. Dann ließ er im Stillen die Luft ab und hoffte, seine Haut würde auf hellrosa zurück verblassen. Warum sollte er sich von diesem schrägen Mädchen die Laune verderben lassen? Er musste einfach das Rennen gewinnen! Dann würde sie schon selbst merken, dass Fahrräder genauso brauchbar waren wie Autos, und kein antiker Schrott!
Die Schnauze dicht am Boden, strebte Porsche die Straße herunter. Er führte sie aus dem Dorf hinaus, über die Landstraße und genau auf den Grand Canal d'Alsace zu. Hier mussten sie nach Norden oder Süden abbiegen. Porsche wählte den Norden.

"On va vers la centrale nucléaire", rief Hanno.
"Beaucoup de gens du village travaillent **là-bas**", sagte Natalie. Dann grinste sie Hanno an und sagte: "Ils **y** vont à vélo."
Hanno dachte sehnsüchtig an sein Fahrrad, das bei Natalies Eltern am Haus lehnte. Wenn es sein musste, konnte es ein Fluchtvehikel sein, auch für zwei.

---

là-bas dort
y dorthin

Porsches kalte Schnauze

Der Weg am breiten Kanal entlang war heute wie ausgestorben. Nach neun Gehminuten säumte ihn dichtes Gestrüpp zur Linken. Hanno gingen viele Fragen durch den Kopf.

“**Reposons-nous un peu**”, bat er Natalie, die mit den Schultern zuckte und eine Kaugummiblase platzen ließ.

Sie setzten sich an die schräg abfallende Uferfassung. Hanno fiel auf, dass er riesigen Durst hatte. Auch Porsche schien erschöpft zu sein. Er legte seinen Kopf auf Natalies Schoß und ließ eine lange, rosa Zunge heraushängen. Hanno zog seine Schuhe aus und rutschte auf dem Po über die steinige Uferböschung in Richtung Wasser. Wer wollte der Familie Leroux schaden? Er steckte seine Füße unter die Wasseroberfläche. Wie erfrischend das war!

“J'ai une idée!”, rief er nach oben, wo Natalie gerade ein pinkes Band aus der Hosentasche zog und sich an Porsches Kopf zu schaffen machte.

“Qui était le gros **rustre** hier”, fuhr Hanno fort, “**celui qui t'a traitée de** sorcière?”

---

reposons-nous un peu lass uns ein wenig ausruhen
rustre Rüpel
celui qui t'a traitée de derjenige, der dich als … beschimpft hat

"C'est Jérôme", sagte Natalie. Sie guckte zufrieden auf die pinke Schleife, die einige von Porsches Zotteln wie eine Haarfontäne hoch stehen ließ.
"Il n'est pas très sympa", sagte Hanno. Er zog seine Schuhe wieder an.

Sie gingen weiter in Richtung Kernkraftwerk. Wenn Porsche für einen Augenblick im hohen Gras verschwand, sah Hanno jetzt einen pinken Schimmer durch die Halme.
"Là! Je vois le **grillage** de la centrale", rief Natalie.
Langsam näherten sie sich dem äußeren Sicherheitszaun des Kernkraftwerks. Er versperrte den Weg. Porsche bog landeinwärts ab und schnüffelte immer weiter am Zaun entlang.
Natalie erklärte selbstbewusst: "Beaucoup de gens **ont peur** de Jérôme, parce qu'il est très **agressif**. Mais moi non."
Das war keine Überraschung. Gab es irgendetwas, das Natalie Angst machte?
"Et maintenant il veut te **donner une bonne leçon**?", überlegte Hanno. Vielleicht hatte der Ein-

grillage Zaun
ont peur (de) haben Angst (vor)
agressif aggressiv
donner une bonne leçon einen Denkzettel verpassen

bruch ja etwas mit Natalies Auftritt gestern vor der Bar zu tun.
“Où travaille-t-il, Jérôme?” fragte er.
“À la centrale”, sagte Natalie.
Hanno fing einen vielsagenden Blick von ihr auf.
Die Pforte des Kernkraftwerks war nun deutlich zu erkennen. Porsche blieb abrupt stehen und hielt die Nase in die Luft. Geradeaus befand sich ein schmaler Grasstreifen, dahinter ein kleiner Parkplatz, auf dem auch einige Fahrräder standen. Von dort näherte sich nun ein Radfahrer. Schon von weitem erkannte Hanno die blau gekleideten, stämmigen Beine und den dicken Bauch. – Es war ausgerechnet Jérôme! Porsche setzte sich in Bewegung und trabte ihm entgegen.
“Porsche, ici!”, rief Natalie, doch der Hund hörte nicht auf sie.
“Porsche **reconnaît** son odeur!”, raunte Natalie Hanno aufgeregt zu.
Wenn das mal gut ging! Dieser Fiesling war bestimmt zu allem fähig. Vor allem durfte er nicht merken, dass sie gegen ihn Verdacht schöpften!
Jérôme, ein Berg von einem Kerl, schien auf seinem Fahrrad noch zu wachsen. Über dem Blaumann trug er seine Pförtner-Uniformjacke. Sie saß so eng, dass

reconnaît erkennt … wieder

Hanno fürchtete, ihm könnte ein goldener Knopf ins Gesicht springen.
“**Sale bête**” murmelte Jérôme, als er an Porsche vorbei fuhr.
Hanno ahnte schon, dass die Begegnung damit nicht erledigt war. Porsche stimmte nämlich ein fürchterliches Gebell an, und ehe Hanno einmal die Augen auf- und zuklappen konnte, hing das haarige Knäuel bereits an Jérômes Wade. Das Durcheinander war perfekt: Jérôme hielt an und fluchte, Natalie schrie und Porsche bellte wütend. Endlich bekam Natalie den Hund zu packen.
“**Ça ne va pas la tête?**”, schimpfte sie.

Jérôme schob sein Hosenbein hoch. Seine fette Wade trug deutliche Bissspuren, aber zu Hannos Erleichterung war kein Blut zu sehen.
“**Vous me le paierez**!”, drohte Jérôme wütend mit dem Zeigefinger, bevor er wieder aufs Rad stieg. Dann rief er noch einmal: “Vous me le paierez!”
Hannos Herz klopfte wie wild. Das war zum Glück noch glimpflich abgelaufen.
“Le **cambrioleur** c'est Jérôme!”, sagte Natalie be-

---

sale bête Biest
Ça ne va pas la tête? Sag mal, geht's noch?
Vous me le paierez! Das werdet ihr mir büßen!
cambrioleur Einbrecher

stimmt. "**Porsche ne se trompe jamais.** Il est **si** intelligent!", freute sie sich.

Ihrer Ansicht nach hatte Porsche versucht, den Dieb zu stellen! Hanno seinerseits war sich nicht so sicher, dass er Porsches Überraschungsangriff auf Jérôme gut fand.

"**Au moins** nous avons un **suspect**", gab er zu.

Porsche lief weiter in Richtung Parkplatz, schnüffelte

Porsche ne se trompe jamais. Porsche täuscht sich nie.
si so
au moins zumindest
suspect Verdächtigen

und baffte hier und da kurz auf. Aber Jérômes Spur schien sich hier zu verlieren. Ratlos tappte Porsche zu Natalie und setzte sich hechelnd neben sie.

"Maintenant, il faut trouver des **preuves contre** Jérôme.", sagte sie. "Où est-ce qu'il a bien pu cacher les boules?"

Auf dem Heimweg überlegten sie, wie Jérôme vorgegangen sein mochte. Hanno schaute auf die Uhr. Es war sieben Minuten nach eins.

"**Admettons**", fing er an, "Jérôme **se lève** vers quatre heures du matin, parce qu'il commence à travailler à cinq heures. Vers quatre heures et quart, il est chez vous avec un seau de **peinture** jaune et un pinceau. Il **n**'y a **personne** dans la rue. Après dix minutes, il **quitte** votre atelier avec le seau, le pinceau et le coffret de boules **en direction** de la centrale. Le seau et le pinceau, il les **jette** dans le canal. Mais les boules, il les **emporte** à la **loge du portier**."

"C'est là-bas qu'on doit les chercher", folgerte Natalie.

---

preuves contre Beweise gegen
admettons nehmen wir mal an
se lève steht … auf
peinture Farbe
ne … personne niemand
quitte verlässt
en direction (de) in Richtung
jette wirft
emporte nimmt er mit
loge du portier Pförtnerloge

Aber war Jérôme wirklich direkt nach dem Einbruch zur Arbeit gefahren? Wann begann seine Schicht tatsächlich? Erst wenn sie das wussten, konnten sie sicher sein, wo sie die Kugeln zu suchen hatten.
Als Hanno bei den Leroux' sein Fahrrad stehen sah, erinnerte er sich, dass er seiner Mutter versprochen hatte, um zwei Uhr zu Hause zu sein. Die Uhrzeit war längst überschritten. Trotzdem sah er dabei zu, wie Natalie das eklige Taschentuch in der Werkstatt zwischen einen Stapel Zeitungen stopfte. Man erkannte die Stelle daran, dass eine Zeitung unmerklich hervorstand.
"Demain, c'est le tournoi de pétanque. Il y aura **beaucoup de monde**. Une bonne **occasion** d'**interroger** les **collègues** de Jérôme!", sagte Natalie. "**Discrètement**!", ergänzte sie zu Hannos Erleichterung.
"À demain alors", rief Hanno, schnappte sein Rad und stieg in die Pedale. Sah er wirklich wie ein Affe aus?

---

beaucoup de monde viele Leute
occasion Gelegenheit
interroger befragen
collègues Kollegen
discrètement unauffällig

Wiedersehen mit Jérôme

Hanno hatte Glück gehabt, seine Mutter war am ersten Ferientag gut gelaunt und nachsichtig. Als Hanno am nächsten Morgen aufwachte, dufteten schon ein paar Körnerbrötchen für ihn im Backofen.

"Du hast ja offenbar viel Spaß mit deiner neuen Freundin", bemerkte Sabine am Frühstückstisch.
Aber Hanno war zu aufgeregt, um viel zu erzählen. Er konnte es kaum erwarten, Jérôme zu überführen. Dazu mussten sie ihm den Einbruch aber erst einmal beweisen. Mit den Kugeln! Schritt eins: Jérômes Arbeitszeit herausfinden.
"Bin heute Abend wieder da", rief Hanno und schwang sich auf den Sattel. Genau einunddreißig Minuten stoppte er bis zur Bar, was seine Laune etwas dämpfte.

Auf dem Marktplatz herrschte Festtagsstimmung. Vor der Bar waren riesige Lautsprecherboxen aufgebaut, aus denen billige Popmusik dröhnte. Unter den Girlanden zwischen den Bäumen stand eine mobile Fressbude, aus der es lecker duftete. Eine junge Frau reichte unablässig runde Flammkuchen über die Theke. Der Platz war voller Menschen.
Als Hanno sein Fahrrad an der Kirche gegenüber abstellte, hörte er eine Durchsage aus den knacksenden

Lautsprechern: “Les **joueurs** Vincent Bonnet et Marc Leroux sont attendus à la tente des **organisateurs**!” Da kam Hanno ja genau richtig! Was für ein Gedränge auf dem Weg zu den Spielern!
“Et si Vincent gagne?”, hörte er im Vorbeigehen eine Frau fragen.
Eine Männerstimme antwortete: “Regarde, **déjà** l'**idée** de **perdre contre** Marc Leroux le **met de mauvaise humeur**.”
Endlich erspähte Hanno Natalie. Sie stand neben einem jungen Mann. Er hatte dunkle, kurze Haare und sah zugegebenermaßen ziemlich gut aus. Natalie strahlte ihn die ganze Zeit an. In ihrem Haar entdeckte Hanno zwei Spangen, die mit winzigen Rennautos verziert waren. In der Unterhaltung des Mannes mit Natalie meinte Hanno ein paar Mal das Wort “Maserati” herauszuhören. Jetzt winkte Natalie ihm zu.
“Pierre, je te **présente** Hanno, mon copain **alle-**

---

joueurs Spieler
organisateurs Veranstalter
déjà schon
idée Vorstellung
perdre contre gegen … verlieren
met de mauvaise humeur bereitet … schlechte Laune
présente stelle … vor
allemand deutsch

mand. Il **n'aime pas trop** les voitures, tu sais? Il préfère faire du vélo."
Natalie schaute Pierre vielsagend an und wandte sich dann an Hanno.
"Hanno, **voilà** Pierre. Le **seul** garage dans le village, c'est **le sien**!" Sie strahlte.
"Je sais que vous avez une **agence de détectives**", lächelte Pierre. "**Félicitations!**"
Pierre hatte offenbar überhört, dass Hanno sich nicht die Bohne für Autos interessierte.
Pierre wandte sich an Hanno: "Cette Maserati **accélère de zéro à cent en seulement cinq secondes**! C'est **énorme**!"

Seine Stimme überschlug sich vor Begeisterung. Offenbar bildete er mit Natalie die Autofraktion. Hanno fühlte sich angespornt, die beiden herauszufordern. Die Zeichen standen günstig: Offenbar durfte dieser Pierre den Maserati nicht nur neu lackieren, sondern auch fahren. Das Wettrennen war also möglich!

---

n'aime pas trop mag … nicht besonders
voilà hier: das ist
seul einzige
le sien seine
agence de détectives Detektivagentur
Félicitations! Glückwunsch!
accélère de zéro à cent en seulement cinq secondes beschleunigt in nur fünf Sekunden von null auf hundert
énorme unglaublich

"Ils commencent", sagte Pierre, bevor Hanno darüber sprechen konnte.
Pierre deutete auf Marc Leroux und einen unscheinbaren Mann, die sich nebeneinander aufgebaut hatten. Die Menge verstummte.
"Le **type à côté** du père de Natalie est mon collègue Vincent", flüsterte Pierre Hanno zu. Für diesen sah die Partie nicht gut aus. Gerade rollte eine von Marc Leroux' angerosteten Kugeln gegen ein edel schimmerndes Exemplar von Vincent, das daraufhin ins Abseits kullerte. Pierre besorgte Flammkuchen für Hanno, Natalie und sich. Den Speck warf er Porsche zu, der Pierre so lange mit Blicken hypnotisierte, bis das nächste Stückchen fiel. Neben einem Mülleimer sah Hanno Jérôme stehen, wieder angeberisch in seiner Uniformjacke. Er prostete gerade mit einem Weinglas zwei weiteren Männern zu, die dieselben Jacken zur Schau trugen.
Inzwischen war die Partie vorüber, Natalies Vater hatte gewonnen.
"Pauvre Vincent", sagte Pierre zu Hanno. "Viens, je vais te le présenter."
Aber Vincent war nirgendwo mehr zu entdecken.

---

type Typ
à côté (de) neben

"Il est **probablement** dans le **clocher**", sagte Natalie und legte den Kopf zurück, um auf die Kirchturmspitze zu spähen. "Son oncle est notre **curé**. **Le dimanche**, Vincent **retarde** l'**horloge de l'eglise** de trois minutes."

"Elle **avance**", ergänzte Pierre.

"La grande clé qui **est accrochée** à côté de la porte de ton garage, c'est la clé du clocher, **n'est-ce pas**?", fragte Natalie.

Pierre nickte.

Jetzt wurde es aber Zeit für die Detektivarbeit! Hanno wollte Natalie gerade vorschlagen, sich Erkundigungen über Jérôme einzuholen, als sich eine Frau durch die Menge zu ihnen kämpfte.

"Bonjour, je suis Estelle Leroux", begrüßte sie Hanno.

Es war Natalies Mutter.

"Écoute", wandte sie sich an Natalie, "ton chien **a**

---

probablement wahrscheinlich
clocher Glockenturm
curé Pfarrer
le dimanche sonntags
retarde ... (de) stellt ... (um) ... zurück
horloge de l'église Kirchenuhr
avance geht vor
est accrochée hängt
n'est-ce pas nicht wahr

failli blesser quelqu'un. Je pense que c'est le bon moment pour **demander pardon**!"
Estelle Leroux trug die Haare hochgesteckt. Um ihren schmalen Körper flatterte ein buntes Batikhemd. Sie bückte sich nach einigen silbernen Kaugummipapieren, die um Natalie herum auf der Erde glitzerten. "Et ça", betonte sie, indem sie die Papiere Natalie unter die Nase hielt, "**ça va** dans la poubelle. **Vas-y!**"
Damit drückte sie die Papiere Natalie in die Hand und gab ihr einen sanften Stups in Richtung Mülleimer – und Jérôme!
Hanno spürte eine gewisse Solidarität mit Natalies Mutter, obwohl Natalie ihm leid tat. Natürlich ließ er sie nicht allein dem fiesen Elefanten gegenüber treten!
Pierre fragte ihn: "Tu veux **faire un saut** chez moi au garage plus tard?"
"**D'accord**, à plus tard alors", nickte Hanno.

Natalie näherte sich Jérôme, der immer noch im Kreise seiner Kollegen stand, das Weinglas offenbar frisch gefüllt. Hanno überlegte, ob er sich auf die be-

---

a failli blesser quelqu'un hat beinahe jemanden verletzt
demander pardon um Entschuldigung zu bitten
ça va hier: das gehört
Vas-y! Los!
faire un saut auf einen Sprung vorbeikommen
d'accord einverstanden

vorstehende Detektivarbeit konzentrieren sollte oder auf die für Natalie anstehende Demütigung durch Jérôme. Dass Natalie sich bei diesem ekelhaften Dieb entschuldigen musste, war erbärmlich. Aber bevor die Detektive Beweise hatten, mussten sie das Spiel mitspielen. Während Natalie ihr Sprüchlein über die Lippen bringen musste – ihre Mutter beobachtete die Szene genau –, würde er versuchen, mit Jérômes Kollegen ins Gespräch zu kommen. Natalie und Hanno traten in die Männerrunde, die sich augenblicklich für sie öffnete. Hanno bemerkte die verwunderten, leicht amüsierten Blicke der Pförtner. Nur Jérôme wirkte angriffslustig. Auf seiner Stirn glänzten kleine Schweißperlen, seine Augen verengten sich.

"Monsieur, **je suis désolée**", sagte Natalie trocken. Den unruhigen Porsche hielt sie fest am Halsband. Natalie war zwar frech, aber mutig! Jérôme lachte boshaft auf.

"D'abord, cette petite sorcière **lâche** son chien et **puis** elle a peur", höhnte er. "Elle doit le **surveiller** mieux, ce monstre!"

Er warf einen drohenden Blick auf Porsche.

---

je suis désolée es tut mir leid
lâche lässt … los
puis dann
surveiller aufpassen (auf)

Hanno hatte unterdessen einem der Männer erklärt, was gestern vorgefallen war.
“Parfois, ce chien est **bizarre**”, log er.
Er wusste ja genau, warum Porsche Jérôme gebissen hatte. Aber Jérôme durfte nicht argwöhnen, dass sie es wussten. Sonst würde er die Tatbeweise sofort verschwinden lassen.
Hanno wollte seinen Kollegen entlocken, wann Jérôme samstags zu arbeiten anfing.
“Ce n’est pas dangereux de travailler dans une centrale nucléaire?”, fragte Hanno so naiv wie möglich.
Die beiden Männer lachten los.
“Non, mon petit! Il y a des **mesures de sécurité** très **strictes**.”
“Le système est bien surveillé **vingt-quatre heures sur vingt-quatre,** non?”, fragte Hanno weiter.
"**Évidemment**”, antwortete einer der Männer.
Aus dem Augenwinkel sah Hanno, wie Jérôme in Richtung Weinstand schlurfte.
“À mardi!”, rief Hannos Gesprächspartner dem Alten nach. “**Remets-toi** bien de ta **morsure**!”

---

bizarre sonderbar
mesures de sécurité Sicherheitsmaßnahmen
strictes streng
vingt-quatre heures sur vingt-quatre rund um die Uhr
évidemment selbstverständlich
remets-toi erhole dich
morsure Biss

Warum verließ Jérôme das Turnier so früh? Und warum sollte er sich von dem Biss erholen? Porsche hatte ihn doch gar nicht wirklich verletzt! Hanno schaute Jérôme nach, der verschwand. Aber er wollte ja noch viel mehr herauskriegen.
"Mais comment les **employés entrent-ils** dans la centrale **pendant** la nuit?", löcherte Hanno Jèrômes Kollegen.
"Ils montrent leur **laissez-passer** aux portiers, puis ils entrent", antwortete ihm der Mann.
"Cela veut dire que vous devez travailler toute la nuit?", sorgte sich Hanno.
"**Ça dépend.** L'**équipe de nuit** commence à vingt-trois heures, l'équipe de jour à cinq heures du matin."
"Bingo!" jubelte Hanno innerlich. Jérôme hatte keine Zeit gehabt, nach dem Einbruch noch irgendwo hin zu fahren. Bis Dienstag hatte er frei. Bis dahin lagen die schweren, runden 'Beweisstücke' des Einbruchs also noch an seinem Arbeitsplatz. Aber wo? Hanno überlegte fieberhaft, welche Fragen er stellen musste, um das zu erfahren.
"Attendez", bat er den Mann, der bereits Anstalten

employés Beschäftigten
entrent-ils kommen sie ... hinein
pendant während
laissez-passer Passierschein
Ça dépend. Es kommt darauf an.
équipe de nuit Nachtteam

machte, sich zu verabschieden. “Je vois que vous portez **tous** votre **uniforme** de portier” sagte er.
“Oui?”
“C’est parce qu’il n’y pas de **portemanteaux** dans la loge?”
Der Mann lachte schallend.
“Non”, schüttelte er den Kopf. “Dans le **vestiaire**, **chacun** a son **armoire**”, beruhigte er Hanno.
“Et vous **fermez** les armoires **à clé**?” platzte es aus Hanno heraus.
Der Mann schaute ihn verwundert an.
“**Que tu es curieux!**”, meinte er, antwortete dann aber, “non, on ne les ferme pas à clé. Elles **n**’ont **même pas** de portes.”
“Je comprends” sagte Hanno, “bonne journée!”
Jérômes Arbeitsbeginn passte mit dem Einbruch zusammen. Die Kugeln hatte er also bestimmt mit ins Kernkraftwerk genommen. Wahrscheinlich hatte er sie in seinem Spind versteckt.

---

tous alle
uniforme Uniform
portemanteaux Kleiderständer
vestiaire Umkleideraum
chacun jeder
armoire Spind
vous fermez … à clé? schließen Sie … ab?
Que tu es curieux! Was bist du neugierig!
ne … **même pas** nicht einmal

Kugelschock

Natalie hatte sich nicht eingemischt.
"Je te **remets une décoration** pour ton **excellent interrogatoire**", sagte sie.
Sie zog einen Vanille-Duftbaum aus der Innentasche ihrer Jacke, fand aber zum Glück an Hannos Kleidung keinen Knopf, um ihm ihre Auszeichnung anzuhängen. Hanno sah den Baum bereits im Maserati pendeln.
"Pierre nous a invités au garage", erzählte er Natalie.
"Cool!", strahlte sie. Aber ihr Strahlen verschwand, als über die Köpfe hinweg Marc Leroux' Stimme zu ihnen drang. Offenbar war er total aufgebracht.
"On me vole mes boules de pétanque et vous, **vous vous moquez de moi**?", schrie er.
Natalie und Hanno erreichten atemlos den Schauplatz des Streits. Marc Leroux war so wütend, dass er aus seinem Hemd zu springen schien. Sein Hals und Gesicht waren knallrot angelaufen. Ihm gegenüber tänzelte ein kleiner, dicker Mann nervös von einem Bein aufs andere. Schweißperlen standen auf seiner fetten Stirn.

---

remets une décoration verleihe … einen Orden
excellent ausgezeichnetes
interrogatoire Verhör
vous vous moquez de moi Sie machen sich über mich lustig

“**Calmez-vous!**”, rief er.
“Das Schwein im Kommunionsanzug”, dachte Hanno.
Graisseux hatte sich wieder gefasst.
“Ces boules sont un cadeau du village. Aujourd’hui, **cela aurait dû être un honneur** de jouer avec”, sagte Graisseux arrogant.
“**Fichez-moi la paix**”, antwortete Marc Leroux, “**j’ai un concours à gagner**.”
Damit ließ er Graisseux und die neugierige Menschenmenge einfach stehen.
“Graisseux déteste mon père”, erklärte Natalie.
Porsche bewegte den Kopf, als nickte er zustimmend.
“Pourquoi?”, fragte Hanno.
“Papa vend des systèmes solaires.”
Jeder konnte bei Marc Leroux sein eigenes Mini-Sonnenkraftwerk kaufen. Hanno gefiel diese Geschäftsidee. In seiner Phantasie floss ein himmlischer Lichtstrahl in Steffens Gitarrenverstärker, Sabines Computer und Hannos heißes Badewasser.
“Mais c’est **fabuleux**!”, rief er.

Calmez-vous! Beruhigen Sie sich!
cela aurait dû être un honneur es hätte eine Ehre sein müssen
fichez-moi la paix lassen Sie mich in Ruhe
j’ai un concours à gagner ich habe einen Wettkampf zu gewinnen
fabuleux sagenhaft

Das Haus gegenüber der Bar, direkt neben der Kirche, fiel ihm ein. Seine Fassade war von glänzenden schwarzen Sonnenkollektoren bedeckt. Man konnte sie vom Platz aus sogar sehen. Hanno wies mit dem Finger darauf.

"Ce sont des **panneaux solaires** de chez vous alors?", fragte er Natalie.

"Oui", sagte sie. "Mais Graisseux fait **tout** pour **empêcher** les gens de les acheter, car lui, il **fait fortune** avec la **vente** de **mazout**."

"Ah bon?", fragte Hanno.

Die Sache schien verzwickt. Aber Moment mal – das Ganze konnte doch mit dem Einbruch zusammenhängen! Hanno fühlte sich plötzlich wie ein waschechter Detektiv.

Er kombinierte: "Graisseux vend du mazout aux gens du village. Mais **ceux** qui ont des **capteurs solaires** **en** achètent **beaucoup moins**", sagte er mit tiefer

---

panneaux solaires Sonnenpanele
tout alles
empêcher hindern
fait fortune wird reich
vente Verkauf
mazout Heizöl
ceux diejenigen
capteurs solaires Solarkollektoren
en davon
beaucoup moins viel weniger

Stimme. Sherlock Holmes hatte bestimmt auch so tief gesprochen.
"Eh oui", sagte Natalie, "Graisseux a **donc** un **motif** pour le cambriolage!"
"Mais Porsche a **suivi la trace** de Jérôme", wand Hanno ein.
"Je crois que c'est Graisseux qui **tire les ficelles**", erklärte Natalie. "Et Jérôme **exécute ses ordres**."
Natalies Spürnase beeindruckte Hanno. Inzwischen fühlte er sich von einer wahrhaft detektivischen Genugtuung durchflutet.
"Graisseux peut avoir des **complices**", sagte Natalie. "**Lui** et le directeur de la centrale nucléaire se connaissent."
"**Cela ne m'étonne pas du tout.**"
"Pourquoi?", fragte Hanno.
"Car **si** les capteurs solaires **prennent la place** de

---

donc folglich
motif Motiv
suivi la trace die Spur … verfolgt
tire les ficelles die Fäden in der Hand hält
exécute ses ordres führt seine Befehle aus
complices Komplizen
lui er (betont)
Cela ne m'étonne pas du tout. Das wundert mich überhaupt nicht.
si wenn
prennent la place den Platz … einnehmen

l'énergie nucléaire, le directeur et Graisseux seront **au chômage**", sagte Natalie.
"Oui, mais rien n'est **prouvé**", warf Hanno mit seiner tiefen Sherlock-Holmes-Stimme ein.
"**Peu importe**", gab Natalie zurück.
Sie glaubte offenbar fest an ihre Hypothese.
Hanno konnte sich nicht vorstellen, dass der nette Kernkraftwerksdirektor mit Graisseux unter einer Decke steckte. Aber die Fakten sprachen tatsächlich gegen ihn.
"Pense à cette **ignoble** inscription!", rief Natalie.
Hanno murmelte: "Roi Soleil, ton trône vacille."
"Nous avons donc trois suspects", fasste Natalie zusammen. "Le premier est Jérôme. Il veut me donner une leçon et il exécute les ordres de Graisseux. Graisseux, lui, est le **second** et le directeur de la centrale nucléaire peut-être le troisième suspect, **puisqu'**ils sont tous les deux des **rivaux** de mon père."
"Mais quel serait son motif?", fragte Hanno. "Pourquoi Jérôme aurait-t-il volé les boules?"

---

au chômage arbeitslos
prouvé bewiesen
peu importe egal
ignoble abscheulich
second zweite
rivaux Rivalen

“Pour aider Graisseux à **humilier** mon père …”, überlegte Natalie laut. Sie schob sich einen Kaugummi in den Mund und ließ das Papier zu Boden flattern. Plötzlich hellte sich ihr Gesicht auf: “J’ai une **autre** idée: Jérôme a **peu** d’argent, parce qu’il boit beaucoup d’alcool. Il sait que les boules **valent cher**. Quand il les a vues dans l’atelier de papa, il s’est dit qu’il pourrait les vendre sur Internet.”
“**Il vaut mieux se concentrer** sur les boules”, schlug Hanno fachmännisch vor. Graisseux als Hintermann würde viel schwieriger zu enttarnen sein.
“D’accord”, sagte Natalie, “mais on va chez Pierre maintenant! Chez Pierre”, wiederholte sie und bückte sich dabei zu Porsche, der heftig mit dem Schwanz wedelte.
Hanno war nicht gerade scharf darauf, Pierre wiederzusehen. Andererseits könnten sie dann endlich das Wettrennen planen.

Als er sich mit Natalie und Porsche durch die Menge kämpfte, kam ihnen ein Polizist entgegen.

---

humilier demütigen
autre andere
peu (de) wenig
valent cher wertvoll sind
il vaut mieux es ist besser
se concentrer sich … konzentrieren

"Avez-vous vu le **boulanger par hasard**?" fragte er. Hanno und Natalie schüttelten den Kopf.
"Quelqu'un a **abîmé** ses panneaux solaires", sagte der Polizist, "avec un petit **objet** lourd."
Natalie und Hanno sahen sich an.
"**Passons par** la boulangerie", schlug Natalie vor.

Als sie bei der Bäckerei ankamen, stand die Garage neben der Backstube sperrangelweit offen. Drinnen stand der Lieferwagen der Bäckerei, ein zerbeulter, uralter Transporter. Ein ziemlich staubiger Mann in weißer Schürze schleppte gerade ein gigantisches Bündel Baguettes zum Auto. Hanno und Natalie bogen um die Ecke des Grundstücks. Im Garten sah Hanno einen Mann mit einer enorm großen Fotokamera. Er fokussierte gerade die Außenwand der Backstube. Darauf leuchtete ein Schriftzug in knallgelber Malerfarbe: "**La vengeance c'est moi!**"

---

boulanger Bäcker
par hasard zufällig
abimé beschädigt
objet Gegenstand
passons par lass uns (bei) … vorbeigehen
La vengeance c'est moi! Die Rache bin ich! (Anspielung auf den Leitsatz von Ludwig XIV. 'Der Staat bin ich')

LA VENGEANCE
C'EST MOI!

Ein gefährlicher Plan

Hanno fühlte sich, als würde eine dunkle Flüssigkeit in seinem Hirn herum schwappen. Rein aus einem Impuls heraus drückte er seine Stoppuhr. Natalie glich einem Vampir. Ihr Gesicht war völlig blutleer, nur die Lippen leuchteten in der Farbe ihres Erdbeerkaugummis. Erst als sie "**Ce n'est pas possible!**" rief, drückte Hanno wieder auf die Uhr: Genau 3 Minuten und 51 Sekunden hatte die Schreckstarre gedauert.

"Qu'est-ce que ça **signifie**, 'La vengeance c'est moi'?", wunderte sich Natalie.

"Graisseux **se venge auprès** des clients de ton père", erklärte Hanno.

"Et il **fait allusion** à la **fameuse citation** 'L'**État** c'est moi' du roi **Louis XIV**, **surnommé** Roi Soleil", ergänzte Natalie und nickte.

Porsche bellte und trottete voraus in Richtung Pierres Autowerkstatt.

Ce n'est pas possible! Das gibt es doch nicht!
signifie bedeutet
se venge auprès rächt sich an
fait allusion à spielt auf … an
fameuse berühmte
citation Zitat
Etat Staat
Louis XIV Ludwig XIV.
surnommé genannt

“**Quelle horreur**”, sagte Hanno, als er sich nochmals nach der Inschrift umdrehte. Deshalb hatte Jérôme also das Turnier frühzeitig verlassen!
“**Ça suffit maintenant!**”, sagte Natalie mit geballten Fäusten.

Pierres Autowerkstatt war schon von weitem zu erkennen. Vor dem großen Tor stapelten sich Autoreifen und leere Benzinkanister. Darüber war “Garage Pierre & Vincent” in großen Lettern auf die Wand gemalt. Neben dem Tor befand sich eine kleinere Tür, durch die Natalie einfach in die Werkstatt hineinspazierte.
Hanno folgte ihr. Drinnen erkannte er neben der Tür zuerst den riesigen Schlüssel, der zum Kirchturm gehören musste. Er hing an einem rostigen Nagel.
Jemand schob sich unter einem schwarzen, auffallend protzigen Auto – dem Maserati – hervor. Es war Vincent.
“Bonjour”, begrüßte er sie missmutig.
Natalie wunderte sich: “Qu’est-ce que tu fais ici? La compétition n’est pas encore **finie**.”
“**Je n’ai plus envie**”, murrte Vincent.

---

quelle horreur wie schrecklich
Ça suffit maintenant! Jetzt ist aber Schluss!
finie beendet
je n’ai plus envie ich habe keine Lust mehr

Jetzt kam auch Pierre aus dem kleinen Büro nebenan. Er legte Vincent einen Arm um die Schulter, guckte dabei aber auf Natalie.
"C'est dur de perdre contre Marc Leroux, n'est-ce pas, Vincent?" Dabei versetzte er Vincent einen freundschaftlichen Hieb. "En plus, Vincent n'a pas d'amis et, **depuis** un an, il est toujours **seul** à regarder la télé..."
Pierre puffte Vincent, der gar nicht glücklich aussah. Hanno schielte über das Dach des Maserati hinweg zu einem Wandregal.
"Trois **coupes** de pétanque!", rief Hanno.
Sie stammten aus drei aufeinander folgenden Jahren.
"La dernière a deux ans", bemerkte Natalie.
"**Je me casse**", verabschiedete sich Vincent.

Hanno war froh. Er hatte an dem seltsamen Kerl nicht einen Funken Freundlichkeit gespürt.
Sobald Vincent gegangen war, platzte es aus Natalie heraus: "Pierre, il y a eu encore un **incident**."
Sie erzählte Pierre, was sie beim Bäcker gesehen hatten.

---

depuis seit
seul allein
coupes Pokale
Je me casse. Ich hau ab.
incident Vorfall

"Graisseux et Jérôme **pètent complètement les plombs**!", schloss sie.
"Je sais que tu n'aimes pas Graisseux", warf Pierre ein. "Mais c'est un ami du directeur de la centrale nucléaire et c'est **grâce à lui** que Jérôme peut y travailler comme portier. Jérôme boit trop, tu sais? Graisseux l'aide beaucoup."
Natalie wirkte nicht so, als wolle sie weiter über Graisseux' Wohltaten informiert werden.

Kaum hatte Pierre zu Ende gesprochen, hüpfte sie zu dem schwarzen Maserati.
"Elle a combien de **chevaux**?"
"Quatre cent quarante", strahlte Pierre. "**Vas-y, monte!** Tu n'as jamais vu un **habitacle** aussi **noble**!"
Das ließ sich Natalie nicht zweimal sagen. Sie setzte sich hinters Steuer und fuhr mit den Händen über die roten Ledersitze. Porsche sprang auf den Rücksitz und schaute sie erwartungsvoll an.
"**Sièges chauffants**?", fragte Natalie Pierre.
Hanno gähnte. In seinen Gedanken entfernte er sich

pètent complètement les plombs rasten völlig aus
grâce à lui ihm zu verdanken
chevaux Pferdestärken (PS)
Vas-y, monte! Los, steig ein!
habitacle Fahrzeuginnenraum
noble edel
sièges chauffants beheizbare Sitze

zu dem erneuten Vorfall. Als Pierre verschwand, um zu telefonieren, kletterte er zu Natalie in den Maserati.

“Bienvenue dans le grand **luxe**”, begrüßte sie ihn.

Sie holte ihren Kaugummi aus dem Mund, wickelte ihn in ein Papier und steckte ihn in die Hosentasche. Dann legte sie los.

“**Primo**: mon père et ses clients sont sur la liste de Graisseux. **Secundo**: toutes les personnes qui ont des capteurs solaires **risquent** de se faire abîmer leur système.”

Hanno übernahm das Wort.

“**Tertio**: le directeur de la centrale nucléaire **semble** être impliqué. **Quarto**: Jérôme **dépend** complètement de l'**amitié** de Graisseux.”

“On doit trouver ces boules **le plus vite possible**”, folgerte Natalie.

Graisseux würde sich bestimmt nicht selbst die Finger

---

luxe Luxus
primo erstens
secundo zweitens
risquent laufen Gefahr
tertio drittens
semble scheint
quarto viertens
dépend (de) ist … abhängig
amitié Freundschaft
le plus vite possible so schnell wie möglich

schmutzig machen. Wenn Jérôme einmal verhaftet war, wäre der Spuk vorbei.
Hanno fing wieder an zu überlegen: "Les boules se trouvent dans la loge du portier. Mais pour **y accéder**, on doit montrer un laissez-passer à la **barrière**."
Natalie runzelte die Stirn.
"Ecoute!" rief sie endlich. "Devine qui **a le droit** d'**entrer** dans la centrale?"
"Jérôme", sagte Hanno ironisch.
Natalie wischte seine Antwort mit einer Handbewegung beiseite.
"Le boulanger", sagte sie. "**Tous les matins**, il **livre** le pain avec sa **camionnette**."
Natalie rieb sich die Hände. Theoretisch brauchten sie nur unauffällig in den Lieferwagen einzusteigen, um als blinde Passagiere die Schranke zu überwinden. Dann konnten sie mit ein bisschen Glück direkt in die Pförtnerloge marschieren. Das war gewagt, aber sie mussten es wenigstens versuchen!

---

y accéder hier: an sie heranzukommen
barrière Schranke
a le droit (de) darf
entrer hineingehen
tous les matins jeden Morgen
livre liefert
camionnette Lieferwagen

Ferraris zählen zum Einschlafen

Hanno sah es schon vor sich: Natalie und er würden triumphierend einen Koffer mit Boulekugeln über ihre Köpfe halten, Polizisten würden ihnen dankbar die Hände schütteln, Marc Leroux wäre gerührt ... Aber dann fiel ihm plötzlich ein Haken an der Sache ein.

"**À quelle heure** le boulanger commence-t-il à travailler?", fragte er Natalie.

"Je ne sais pas exactement, mais très **tôt le matin**. **On se lèvera avec les poules** à cinq heures."

"**Mince!**", rief Hanno. "C'est trop tôt pour venir tout seul à vélo."

Seine Eltern würden das nie erlauben. Wie schade!

"Tu peux dormir chez nous dans la **chambre d'amis**", schlug Natalie vor.

Hanno bemerkte, dass sie ganz leicht errötete. Seine Laune hob sich.

à quelle heure um wieviel Uhr
tôt le matin früh am Morgen
on se lèvera avec les poules wir werden mit den Hühnern aufstehen
Mince! Mist!
chambre d'amis Gästezimmer

“**Tu en as déjà assez**, Michael Schumacher?”, foppte Pierre, als er Hanno aus dem Maserati klettern sah.
Hanno wünschte sich genervt auf einen anderen Planeten – dort gäbe es weder Autos noch Automechaniker! Ob er jetzt endlich das Wettrennen ansprechen sollte? Da klingelte Natalies Handy.
“**Allô** maman? Oui, **on arrive**!”, schrie sie ins Telefon. “Maman nous attend pour le dîner”, erklärte sie.
Hanno war zum ersten Mal damit zufrieden, dass seine Eltern ihm kein Handy erlaubten.
“**Tenez-moi au courant**”, ermunterte Pierre sie zum Abschied.

“**Enfin!**”, freute sich Estelle, als Hanno, Natalie und Porsche durch die Tür stolperten. “Regardez la belle coupe! Marc est **toujours** le meilleur joueur du village!”
Der golden glänzende Pokal erweckte in der Tat Respekt. Marc Leroux hatte ihn mitten auf den Esstisch gestellt, neben eine Schale mit Rosenkohlköpfen. Natalies Gesicht verfinsterte sich, als sie die

---

tu en as déjà assez reicht es dir schon
allô hallo (am Telefon)
On arrive. Wir sind gleich da.
tenez-moi au courant haltet mich auf dem Laufenden
Enfin! Na endlich!
toujours nach wie vor

grünen Winzlinge sah. Estelle Leroux ging mit einer Pfanne um den Tisch, aus der sie mit einer Gabel dicke, golden panierte Rechtecke angelte. Sie legte allen eines auf den Teller.
"Hanno, manges-tu de la viande?", fragte Natalie.
"Oui, **volontiers**", nickte Hanno.
"**Pas de chance!**", kicherte Natalie. "Ça, c'est du tofu. Porsche est le seul de notre famille à manger de la viande **tous les jours**! Maman, je peux **aller chercher** du ketchup?"
Natalies Mutter stöhnte auf, aber um ihre Augen bildeten sich feine Lachfältchen.
"**Exceptionellement**", sagte sie.
Die Stimmung blieb richtig ausgelassen.
"**À la tienne**, **salaud**!" prostete Marc Leroux dem imaginären Kugeldieb zu.
Ob er sich dabei auch Jérôme vorstellte?
Natalie fragte ihre Mutter, ob Hanno bei ihnen übernachten könne.
"Bien sûr!", bekräftigte Estelle Leroux.

---

volontiers gern
Pas de chance! Pech gehabt!
tous les jours jeden Tag
aller chercher holen gehen
exceptionnellement ausnahmsweise
À la tienne! Prost!
salaud Mistkerl

Hanno rief seine Eltern an. Auch sie hatten kein Problem damit. Im Gästezimmer stellte Hanno die Weckfunktion seiner Uhr sorgfältig auf fünf. Er war furchtbar aufgeregt. Wie sollte er jemals einschlafen? In seinem Kopf jonglierten der fiese Elefant, Jérôme und Graisseux, das Schwein im Kommunionsanzug, vor dem Kernkraftwerk mit Boulekugeln, während der Direktor sie im Maserati umrundete.
Fünfzehn Minuten und dreiundzwanzig Sekunden nach Mitternacht knipste Hanno die Nachttischlampe wieder an. Die Wand gegenüber seiner Schlafcouch war mit Postern, Bildern und Fotos bedeckt, die offenbar aus dem *auto-journal* ausgeschnitten worden waren. Hanno zählte die Ferraris an der Wand. Fünfundzwanzig Minuten und drei Sekunden nach Mitternacht knipste er das Licht wieder aus.

In der Höhle des Löwen

Draußen war es noch dunkel, als Hannos Uhr eindringlich piepte. Wo war er? Richtig, bei Natalie! Sofort war Hanno hellwach. Er stieg in seine Jeans und öffnete ganz leise die Tür des Gästezimmers. Aus der Tür nebenan drang leises Schnarchen. Hier lag das Schlafzimmer von Natalies Eltern. Vorsichtig schlich Hanno daran vorbei und stand vor Natalies Tür. Ganz leise drückte er die Klinke herunter. Drinnen baffte es – Porsche! Hoffentlich hielt er still! Kaum hatte Hanno einen Fuß ins Zimmer gesetzt, erhob sich der Hund von Natalies Bettmatte und begrüßte Hanno mit einem feuchten Nasenstüber.

"**Gentil chien**", lobte ihn Hanno.

Porsche schaute ihn an, als wolle er sagen: "Qu'est-ce que tu croyais?"

Natalie lag da wie eine Tote. Hätte er ihr Schnaufen nicht gehört, hätte Hanno sich ernsthaft Sorgen gemacht. Auf ihrem Nachttisch stand ein rotes Ungetüm aus Plüsch, das Hanno auf den zweiten Blick als einen Ferrari erkannte. Hanno berührte Natalie sanft an der Schulter.

"Uhh", fuhr sie hoch, aber sie fasste sich schnell. "Ah, c'est toi!", flüsterte sie erleichtert.

---

gentil chien braver Hund

"Non, je suis Jérôme", grollte Hanno mit tiefer Stimme.
Natalie gluckste leise. Offenbar war sie gar nicht eingeschüchtert.

Hanno schlich ihr voraus nach unten in die Küche, füllte zwei Gläser mit Wasser und stellte sie auf den Tisch. Dann füllte er auch Porsches Napf mit Wasser.
"On ne **part** pas **sans avoir pris le petit-déjeuner**!", flüsterte er streng, als Natalie erschien.
Sie hatte ihr Haar so gut es ging unter die pinke Schirmmütze mit dem Strassauto geklemmt und setzte sich zu Hanno an den Tisch.
"Qu'est-ce qu'on fait s'ils **chopent** un de nous deux?", fragte sie besorgt.
"Donne-moi ton **numéro de portable**", schlug Hanno vor. "**Ainsi**, je peux t'**appeler depuis** le

---

part gehen
sans avoir pris le petit-déjeuner ohne gefrühstückt zu haben
chopent erwischen
numéro de portable Handynummer
ainsi so
appeler anrufen
depuis vom … aus

commissariat de police. **Voilà, tiens**, le numéro de notre **fixe**."
Die Zettel mit den Nummern steckten sie in ihre Taschen. Das würde nicht viel helfen, fühlte sich aber wenigstens besser an. Dann schlichen sie auf Zehenspitzen zur Haustür.
"**Qu'est-ce qu'on fait de** Porsche?", wisperte Hanno.
"Il restera ici", wisperte Natalie zurück.
Sie kniete sich so auf den Boden, dass sie Porsche genau in die Augen sehen konnte.
"Tu ne peux pas venir avec nous," sagte sie zärtlich und kraulte ihn mit beiden Händen hinter den zotteligen Ohren.
Porsche klopfte mit seinem Schwanz auf den Steinboden und schaute sein Frauchen mit traurigen Augen an.
"Tu es un super **chien de garde**, n'est-ce pas?", tröstete ihn Natalie. "Tu restes ici!"
Damit stand sie auf und blickte zu Hanno.
"On y va?"
"Allons-y!", gab er zurück.

---

commissariat de police Polizeirevier
voilà, tiens hier
(téléphone) **fixe** Festnetzanschluss
qu'est-ce qu'on fait de … was machen wir mit …
chien de garde Wachhund

Porsche blieb sitzen, genau wie Natalie es ihm befohlen hatte.

Bevor sie die Bäckerei erreichten, versicherten sie sich, dass die Luft rein war. Langsam graute schon der Tag. Der Schutz der Dunkelheit würde schnell verfliegen.
“On court **directement** dans le garage”, wies Natalie an.
Von der Ecke aus konnte Hanno die Fenster der hell erleuchteten Backstube sehen. Er sog den Duft frischer Croissants ein. Die Garage lag neben der Backstube. Wieder stand das hohe Tor offen. Drinnen konnte Hanno die Umrisse des Lieferwagens erkennen. Das Auto stand mit der Rückseite zur Straße. Plötzlich kam eine Gestalt aus der Backstube. Der Mann ging schnurstracks zum Lieferwagen und schloss die rückwärtige Tür auf.
“Ils commencent à **charger**!”, flüsterte Natalie aufgeregt. “**C’est le moment ou jamais!**”
Der Mann verließ die Garage und ging zur Backstube zurück.
“On y va!”, sagte Hanno mit gedämpfter Stimme.
Die beiden rannten, was das Zeug hielt. Erst in der

directement geradewegs
charger beladen
C’est le moment ou jamais! Jetzt oder nie!

Garage bemerkte Hanno, dass er Natalies Hand gefasst hatte. Peinlich. Beschämt öffnete er seinen Griff. "Monte", drängelte Natalie und kletterte vor ihm auf die Ladefläche. Dann sah sie sich um und meinte: "**Année de construction mille neuf cent soixante**."

Sogar Hanno konnte sehen, dass der graue, zerbeulte Transporter ein Oldtimer war. Rechts und links an den Wänden waren mehrere Reihen hölzerner Leisten befestigt, die Platz für Backwaren und Tabletts lieferten. In der Trennwand zur Fahrerkabine sah Hanno ein ovales Loch, ursprünglich sicher für eine Scheibe gedacht. Der Boden des Wagens war von Mehlstaub bedeckt. Fieberhaft sah Hanno sich um. Wo um Himmels willen sollten sie sich hier bloß verstecken?

"Là, une **caisse**", rief Natalie.

Sie deutete auf einen hüfthohen Blechquader direkt unter dem Loch zur Fahrerkabine. Hanno hatte ihn für einen Teil der Karosserie gehalten. Natalie klappte den Deckel auf.

"Elle est vide", rief sie und stand auch schon mit einem Bein drinnen.

Hanno wurde ganz schlecht bei dem Gedanken, dass

---

année de construction Baujahr
mille neuf cent soixante neunzehnhundertsechzig
caisse Kiste

gleich jemand kommen und einen schweren Stapel Baguettes in diese Kiste legen würde. Oder noch schlimmer: auf die Kiste.
“Vite, Hanno, j’entends des **pas**”, warnte Natalie.
Hanno hüpfte zu ihr in die Kiste. Kaum war der Deckel heruntergelassen, schaukelte der Wagen gewaltig. Zwei Männer hatten die Ladefläche betreten.

“Tu as de petits pieds”, spöttelte eine Stimme.
Hanno blieb das Herz stehen. In dem Staub am Boden hatten sie natürlich Fußspuren hinterlassen!
“**Occupe-toi de tes affaires**”, antwortete eine Baritonstimme.
Glück gehabt! Der zweite Mann hatte ihre Spuren nicht bemerkt. Er tat den Spott einfach ab.
Hanno wollte Natalie einen Blick der Erleichterung zuwerfen, aber pechschwarze Dunkelheit umgab ihn. Es rumpelte noch ein bisschen, dann wurde es still. Hanno hätte gern seine Position verändert. Er klemmte mehr, als dass er saß. Aber Natalie ließ das nicht zu.
“**Au moindre mouvement**, toute la camionette

---

pas Schritte
occupe-toi de tes affaires kümmere dich um deine eigenen Angelegenheiten
au moindre mouvement bei der geringsten Bewegung

remue", wisperte sie, "et on ne peut pas risquer qu'ils **se mettent à chercher** des **fantômes**."
Bei dem Gedanken, dass sie als zwei mehlbleiche Gestalten unter lautem "Buhuu" aus der Truhe springen würden, musste Hanno trotz seiner Qualen grinsen.

Die Männer luden noch zwei Mal Waren in den Transporter, dann startete endlich der Motor. "**Ouf!**", stöhnte Natalie und hob den Deckel an.
Hanno schnappte nach Luft. Endlich konnte er sein Bein neben Natalie ausstrecken. Es kribbelte fürchterlich, als wieder Blut in die abgeklemmte Wade schoss. Unterdessen entspann sich vorne in der Fahrerkabine ein Gespräch. Hanno verstand nur einzelne Sätze, weil der Motor so laut brummte.
"**Si j'attrappe le mec** qui m'a cassé le panneau, **je lui colle une gifle**", drohte der Bariton.
Die andere Stimme murmelte etwas Unverständliches.
Hanno spitzte die Ohren. Natalie schien neben ihm

---

remue wackelt
se mettent à chercher anfangen … zu suchen
fantômes Geister
Ouf! Uff!
si j'attrape le mec wenn ich den Kerl kriege
je lui colle une gifle schmier ich ihm eine

förmlich aus der Kiste hinauszuwachsen, um alles mitzubekommen.
"Ce Marc Leroux est vraiment **minable**. Il devrait **retourner** à Paris!", tönte die höhere Stimme.
"Quoi?", entfuhr es Natalie entsetzt.
Sie schlug sich auf den Mund. Vor Schreck ließ sie sogar den Deckel der Truhe fallen, der Hanno unsanft am Kopf traf.

---

minable ärmlich
retourner zurückgehen

"Je ne comprends pas! Qu'est-ce qu'ils ont contre ton père?", fragte er in die Dunkelheit.
"C'est **incroyable**", entrüstete sich Natalie, "mon père **ne ferait pas de mal à une mouche**! **De quoi parlent-ils?**"

Das Auto fuhr einige Kurven, verlangsamte plötzlich das Tempo und hielt. Vorne wurde eine Scheibe heruntergekurbelt.
"Le pain", schrie der Bariton.
Der Wagen ruckte wieder an und stoppte kurz danach mit quietschenden Reifen.
"**Préparons-nous à descendre!**", flüsterte Hanno.

Er fühlte eine leichte Panik in sich aufsteigen.
"Comment va-t-on faire pour accéder à la loge de portier?", raunte er Natalie zu.
"Sans être vus", parierte sie.
Offenbar hatte sie vor lauter Aufregung einen Galgenhumor entwickelt.

Hanno hörte, wie die Tür zur Ladefläche aufgerissen wurde, dann rumpelte es.

---

incroyable unglaublich
ne ferait pas de mal à une mouche würde keiner Fliege etwas zuleide tun
De quoi parlent-ils? Wovon reden sie?
Préparons-nous à descendre! Machen wir uns fertig zum Aussteigen!

"Tu prends les baguettes et moi les **tartelettes**", brummte der Bariton.
Es rumpelte erneut. Die Schritte der Männer entfernten sich.
"Maintenant", rief Natalie und drückte den Deckel der Kiste hoch.
Endlich Licht! Schnell kletterten sie heraus.
"**Pas de danger à l'horizon**", sagte Natalie, bevor sie von der Ladefläche sprangen.
Geduckt rannten sie hinter ein dichtes Gebüsch, das einige Meter entfernt wucherte.
"**Génial**!", frohlockte Natalie. "Nous sommes des **sacrés détectives**!"
Aus dem sicheren Versteck heraus beobachteten sie, wie der Bäcker und sein Gehilfe zum Wagen zurückkamen, die Türen schlossen und davonbrausten.
"Allons à la loge!", kommandierte Natalie.

Das Gelände des Kernkraftwerks erinnerte Hanno an eine umzäunte Siedlung. Beim Blick durch die Maschen des Zauns erkannte Hanno den Weg, den sie mit Porsche gegangen waren. Sie brauchten ihm

---

tartelettes Törtchen
Pas de danger à l'horizon. Die Luft ist rein.
génial genial
sacrés détectives schon tolle Detektive

nur innerhalb des Zauns zu folgen, um zur Pförtnerloge zu gelangen.

"Le grillage doit être **vidéosurveillé**", gab Natalie zu Bedenken.

"On prend la **route** alors", sagte Hanno. "On court **de buisson en buisson**."

Gerade schien die Straße menschenleer. Sie zielten auf das nächste Gebüsch, rannten los und ließen sich mitten ins Gestrüpp fallen. Hannos Herz klopfte ihm bis zum Hals. Ob Natalie bemerkte, wie ihm die Knie zitterten? Er beschloss, die Angst in seinem Körper einfach zu ignorieren. Immerhin waren sie fast am Ziel!

Immer, wenn die Luft rein schien, huschten sie weiter, bis sie endlich von hinten die Pförtnerloge erreichten. Gerade verließ einer der Männer, den Hanno beim Bouleturnier ausgequetscht hatte, das kleine Gebäude. Er zog die Tür hinter sich zu, schloss sie aber nicht ab. Draußen zündete er sich eine Zigarette an, zog ein Handy aus der Tasche und tippte eine SMS. Dabei ging er vor der Tür auf und ab. Hanno kam die Warterei wie eine Stunde vor. Aber tatsächlich rauchte der Mann nur vier Minuten und zwölf

---

vidéosurveillé videoüberwacht
route Straße
de buisson en buisson von Busch zu Busch

Sekunden, bis er endlich die Zigarette mit dem Fuß auf dem Boden ausdrückte und sich davon machte.
“Maintenant”, sagte Natalie.
Sie stürzten aus dem Gebüsch, rannten zu der Tür und drückten sich flach an die Hauswand. Ganz vorsichtig drückte Natalie die Klinke herunter. Nichts passierte. Natalie drückte die Tür einen winzigen Spalt auf. Es passierte immer noch nichts. Entschlossen schob sie sich als erste in den Raum. Unmittelbar darauf erschien ihr Gesicht im Türspalt.
“Qu'attends-tu?”, flüsterte sie.
“**Doucement**!”, gab Hanno zurück und trat mit zwei beherzten Schritten ein.

Wie erwartet, war das Hinterzimmer menschenleer. Es enthielt einen Tisch mit zwei Stühlen. Die Tür zum gläsernen Hauptraum der Pforte war angelehnt. Stimmen drangen von dort nach hinten. Es war also höchste Vorsicht geboten!
“Regarde, les armoires”, flüsterte Hanno.
Die metallenen Spinde besaßen keine Türen. Hanno und Natalie schauten eines nach dem anderen sorgfältig durch

---

doucement langsam

Ein peinliches Verhör

"**Zut!**", hauchte Natalie schließlich, "pas une boule!" So ein Mist! Hanno spürte Wut und Enttäuschung in sich hochsteigen. Er sah sich um. Außer den Schränken enthielt der Raum nur einen Tisch und zwei Stühle. Auf dem Tisch standen eine Thermoskanne und ein Aschenbecher, daneben lag eine aufgeschlagene Zeitung.
Hanno trat näher, um die Schlagzeile zu lesen. Die Schlagzeile "**Énigme solaire à l'ombre** d'une centrale nucléaire", sprang ihm ins Gesicht. Er winkte Natalie heran.

Der Artikel erstreckte sich über eine ganze Doppelseite.
Natalie las vor, was die Zeitung unter das Bild ihres Vaters geschrieben hatte: "Marc Leroux **accusé de fraude**."
Sie wurde blass. Gebannt las Hanno den ganzen Artikel.
"Samedi dernier, Marc Leroux a **annoncé** le

Zut! Verflixt!
énigme solaire Sonnenrätsel
à l'ombre im Schatten
accusé de fraude des Betrugs beschuldigt
annoncé gemeldet

cambriolage de son atelier et le **vol** de ses boules de pétanque bleues. **Le lendemain**, un capteur solaire de la boulangerie a été abimé **par** une boule de pétanque. **Selon** monsieur Graisseux, **il s'agirait** d'une des boules **appartenant** à Marc Leroux."

Hanno wurde ganz schlecht.

Er las weiter.

"Monsieur Graisseux déclare: Marc Leroux **a besoin** d'argent. Sa fille porte des vêtements très chers."

Natalie schnappte nach Luft.

"... **Les affaires** de Marc Leroux **vont mal**. Il me déteste et veut me **nuir**. **De quoi me faire soupçonner** d'être le **coupable**."

Damit endete der Artikel.

"Le **malin**!", rief Natalie.

"Le salaud!", übertönte sie Hanno.

---

vol Diebstahl
le lendemain am Tag darauf
par durch
selon laut
il s'agirait soll es sich um ... handeln
appartenant (à) die ... gehört
a besoin (de) benötigt
Les affaires ... vont mal. Die Geschäfte ... laufen schlecht.
nuir schaden
de quoi Grund genug
me faire soupçonner den Verdacht auf mich zu lenken
coupable Schuldige
malin Schlaukopf

Da polterten plötzlich schwere Schritte. Der Pförtner betrat das Hinterzimmer.

Eine Viertelstunde später befanden sich Hanno und Natalie bereits im Büro des Sicherheitschefs des Kernkraftwerks. Hannos Ohren glühten.
Er hörte Natalie zu, die soeben erklärte: "Mon père est **innocent**. C'est Jérôme le coupable! Il est le **bras droit** de Graisseux. Et Graisseux **veut du mal à** mon père!"
"C'est bizarre", flötete der Security-Mann. "Le journal dit **le contraire**."
Hanno war verzweifelt. Ohne Beweise würde ihnen niemand glauben.
"**Laisse tomber**", sagte ein zweiter Security-Mann zu seinem Kollegen. "**La police arrive.** Ils vont **conduire** les deux détectives chez papa et maman."
Was für eine Demütigung! Hanno kämpfte mit den Tränen. Wäre er doch bloß so cool wie Natalie.

---

innocent unschuldig
bras droit rechte Hand
veut du mal à will … etwas anhaben
le contraire das Gegenteil
Laisse tomber. Lass es gut sein.
La police arrive. Die Polizei kommt.
conduire bringen

“**Chic**”, freute sie sich, als das Polizeiauto draußen parkte.
Als wäre das noch nicht blamabel genug, tauchte auch noch der Direktor auf. Entsetzt stellte Hanno fest, dass er Graisseux im Schlepptau hatte.
“Qu’est-ce qui se passe ici?”, fragte der Direktor.
“Ces deux-là jouent aux détectives”, erklärte der Polizist. Er erzählte dem Direktor, wie Hanno und Natalie ins Werk gelangt waren und was sie gesucht hatten.
“C’est **à cause** des incidents. Les enfants **pensent que** Jérôme, un de vos portiers, est le coupable”, schloss er.
Hanno sah, wie Graisseux eine höhnische Miene aufsetzte. Der Direktor zog die Augenbrauen hoch.
“Ecoute”, sagte er zu Natalie. “**Vous avez de la chance.** Je vous connais. **Cette fois-ci**, **je ferme les yeux**. Mais **dorénavant laissez** la police faire son travail. D’accord?”, fragte er und streckte Natalie die Hand hin.

---

chic schick
à cause (de) wegen
pensent que glauben, dass
Vous avez de la chance. Ihr habt Glück.
cette fois-ci diesmal
je ferme les yeux drücke ich beide Augen zu
dorénavant in Zukunft
laissez lasst

Standpauke

Natalies Eltern fielen aus allen Wolken, als sie Hanno und ihre Tochter aus dem Polizeiauto steigen sahen. Porsche dagegen zeigte sich hoch erfreut über das Wiedersehen, stürmte laut kläffend auf Natalie zu, sprang an ihr hoch und versuchte ihr übers Gesicht zu lecken. Dann hüpfte er zu Hanno, um dort dasselbe zu versuchen. Nach dieser stürmischen Begrüßung war Estelle Leroux' Standpauke etwas leichter zu ertragen.

"Vous êtes complêtement **fous**, non?", fragte sie.

Ihre Augen rollten wild zwischen Hanno und Natalie hin und her.

"Maman, on voulait seulement vous aider", beteuerte Natalie.

"Je sais. Mais ne faites plus jamais **une chose pareille**!"

Beim Mittagessen konnte Estelles Ankündigung: "C'est de la soupe **indienne** aux **lentilles** bio" niemanden begeistern. Natalie schien so geknickt, dass sie nicht einmal am Essen herummäkelte. Alle

---

fous verrückt
une chose pareille so etwas
indienne indische
lentilles Linsen

löffelten schweigend aus ihren Tellern. Auch Marc Leroux blies Trübsal.
“La police ne me croit pas”, seufzte er.
“On doit **absolument** trouver le coupable”, meinte Estelle nachdenklich.
“Hanno et moi, nous …”, begann Natalie, aber ihre Mutter unterbrach sie hart.
“C’est trop dangereux”, bestimmte sie.
Als würde das Detektiv-Verbot nicht reichen, setzte Marc Leroux noch eine Strafe drauf: “Estelle et moi, **on va en ville** cet après-midi”, kündigte er an. “Vous restez là et vous **faites disparaître** l’inscription!”
So hatte Hanno sich den Ruhm für ihre Detektivarbeit wirklich nicht vorgestellt. Aber es gab nichts mehr zu rütteln. Sogar Porsche zog den Schwanz ein und trollte sich.

Nach dem Mittagessen holten Hanno und Natalie Eimer und Bürsten aus der Werkstatt. Während Hanno versuchte, ein gelbes O von der Wand zu schrubben, schossen ihm viele Gedanken durch den Kopf. Jérôme hatte die Tatbeweise bestimmt bei sich zu Hause. Die Kugeln hatte er nach dem Einbruch

---

absolument unbedingt
on va en ville wir fahren in die Stadt
faites disparaître beseitigt

irgendwo im Feld oder im Wald versteckt und später nach Hause getragen. Er wollte sie also nicht verkaufen, sondern dazu benutzen, den Verdacht auf Marc Leroux zu lenken. Wie ausgebüchst dieser Kerl und sein Auftraggeber Graisseux doch waren! Doch es gab noch ein zweites Beweismittel, nämlich die gelbe Farbe, die Natalie und er gerade mühevoll abwuschen. Auch davon musste irgendwo bei Jérôme ein Eimer zu finden sein.

"Tu sais quoi?", fragte Hanno Natalie, die sich gerade am T zu schaffen machte. "**J'ai envie** de passer chez Jérôme."

"Moi aussi", seufzte Natalie.

"Mais tes parents ...", bedauerte Hanno.

Aber er hatte Natalies Talent unterschätzt, die Dinge auf ihre eigene Art zu betrachten.

Hanno bemerkte, wie sie eine Weile die Stirn runzelte. Dann hörte sie plötzlich auf zu schrubben und richtete sich auf. Porsche, der neben ihr gesessen hatte, erhob sich und stellte erwartungsvoll die Ohren hoch.

"Ils ont peur **pour** nous", sagte Natalie selbstbewusst. "On va chez Jérôme, on sonne, on entre. Ce n'est pas **illégal**."

---

j'ai envie (de) ich habe Lust
pour hier: um
illégal illegal

Dagegen gab es nichts einzuwenden.

Natalie wollte Jérôme das Taschentuch zurückgeben, das er bei seinem Einbruch verloren hatte. Sie würde ihn ablenken und in ein Gespräch verwickeln. In der Zwischenzeit würde Hanno sich verdrücken und hinters Haus schleichen. Er würde nach dem Eimer Farbe suchen und eine Möglichkeit auskundschaften, unbemerkt ins Haus zu gelangen. Wenn Jérôme irgendwie versuchen sollte, Natalie auch nur anzurühren, würde Porsche Alarm schlagen und ihn kräftig in die Wade beißen.
Hanno legte zum Scheuer-Endspurt los. Sie brauchten noch genau fünf Minuten und drei Sekunden, bis alles geputzt war.
"Jérôme habite derrière l'église", erklärte Natalie, während Hanno das Taschentuch aus dem Zeitungsstapel in der Werkstatt fingerte.
Porsche bellte den zusammengeknüllten Schmierfetzen wütend an. Natalie steckte ihn kurzerhand in ein Tütchen, das sie in der Tasche ihrer pinken Hose verschwinden ließ.

Sie wählten die Straße, die zwischen Marktplatz und Kirche führte. Hanno erkannte auch das Haus mit der dunklen Fassade aus Solarkollektoren wieder. Direkt um die Hausecke öffnete sich ein kleiner Platz, der Vorplatz der Kirche.

"**C'est étrange**", bemerkte Natalie. "La porte du clocher est ouverte."
Jetzt, wo sie es sagte, bemerkte Hanno einen schmalen, dunklen Spalt zwischen Tür und Mauer.
Porsche hielt prüfend seine Schnauze in den Wind und ging ein paar Schritte auf die angelehnte Tür zu. An der Tür klebte ein Zettel.
Hanno las: "**Je serai de retour mercredi.**"
Es folgten das Datum und die Unterschrift: "Le curé".
"Mercredi, c'est **après-demain**", stellte Hanno fest.
Aber wer hatte die Tür aufgeschlossen, wenn nicht der Pfarrer?
"Vincent doit être **là-haut**", sagte Natalie.
Hanno erinnerte sich an den riesigen Schlüssel, der in der Autowerkstatt hing.
"**Montons!**" rief Natalie. "C'est une bonne occasion de regarder tous les panneaux solaires sur les toits."
Klar, warum war Hanno nicht selbst darauf gekommen? Mit dem Wissen um die Solaranlagen im Dorf könnten sie Jérôme womöglich auf frischer Tat ertappen!

---

c'est étrange das ist seltsam
Je serai de retour mercredi. Bin Mittwoch zurück.
après-demain übermorgen
là-haut da oben
Montons! Lass uns hinaufgehen!

Jetzt schlägt's dreizehn!

Erst hüpfte Porsche durch die Tür, dann folgten Natalie und Hanno. In den engen Turm fiel kaum Tageslicht. Hanno spürte, wie die hölzernen Stufen bei jedem Tritt ächzend nachgaben. Oben verschwand Natalie durch eine Tür.

"**J'hallucine!**", hörte Hanno sie rufen.

Als er selbst eintrat, sah er, dass sie sich auf einer Art hölzerner Plattform befanden. Durch vier Fenster in jede Himmelsrichtung pfiff ein scharfer Wind. Helles Licht fiel in den quadratischen, kleinen Raum. In seinen Strahlen wirbelte dicker Staub. An einer Raumseite stand ein grob gezimmerter Schrank. Und dicht über ihren Köpfen schwebte, schwer und stumm, eine riesige eiserne Glocke.

Hanno wollte sich lieber nicht ausmalen, was mit seinen Ohren passieren würde, wenn sie losschlug. Er lehnte sich aus einem der Fenster. Zu seiner Überraschung sah er in einiger Entfernung den Rhein fließen. Die nächste Häuseransammlung dahinter, auf der anderen Seite der Grenze, musste sein Dorf sein! Was seine Eltern wohl gerade machten? Hanno kam es plötzlich vor, als habe er sie Ewigkeiten nicht mehr gesehen.

J'hallucine! Ich werd' verrückt!

"Je vois **les Vosges**", rief Natalie vom Fenster gegenüber.
"Je vois des capteurs solaires aussi", rief Hanno zurück.
Er selbst entdeckte unter sich zwei Häuser, deren Dächer die markanten, dunklen Rechtecke trugen. Er versuchte sich einzuprägen, wie sie die Häuser unten wiederfinden würden.
Als er den Kopf zurückzog, kicherte Natalie.
"Le vent t'a fait une belle **coiffure**! Tu **ressembles à** un spoiler maintenant!"
Nichts schlimmer als das! Erschrocken drückte Hanno seine Haare wieder platt. Aber beim Thema Autos fiel ihm auf, dass jemand fehlte.
"Où est Vincent?", fragte er.
Auch Natalie hatte ihn völlig vergessen. Da jaulte Porsche leise auf. Von der Treppe her ertönten schwere Schritte.
"Ce n'est pas lui", flüsterte Natalie.
Hanno fand die Situation ziemlich unheimlich. Er dachte an Jérôme. Hatte er ihnen eine Falle gestellt? Die Schritte kamen immer näher. Porsche schlich auf leisen Pfoten vor den Schrank. Der brave Hund! Natalie zog vorsichtig eine Tür auf. Alle drei passten

---

les Vosges die Vogesen
coiffure Frisur
ressembles à siehst aus wie

gut hinein. Sofort zog Natalie die Tür hinter ihnen zu. Fast pechschwarze Nacht umgab sie. Vorsichtig schob Natalie mit dem Fuß einen Gegenstand zur Seite, damit Porsche sich hinlegen konnte.
Draußen rief jemand: "Salut Vincent! La porte en bas est ouverte!"
Hanno stockte der Atem. Er erkannte eindeutig die Stimme von Graisseux.
"Il vaut mieux la fermer. On ne sait jamais..."
Graisseux stockte. Offenbar hatte auch er bemerkt, dass Vincent gar nicht hier oben war.
"Étrange", hörten sie ihn murmeln.
Seine Schritte polterten auf den Schrank zu. Dann entfernten sie sich nach unten.

Als kein Geräusch mehr zu hören war, traten Hanno, Natalie und Porsche leise aus ihrem Versteck. Neugierig warf Hanno einen Blick in den Schrank. Er traute seinen Augen nicht. Genau auf dem Fleck, wo er gestanden hatte, befand sich ein ovaler Rand aus knallgelber Malerfarbe. An den Innenwänden des Schranks waren gelbe Spritzer. Der Gegenstand, den Natalie weggeschoben hatte, war ein hölzernes Köfferchen. Natalie klappte es auf. Blau glänzende, metallene Boulekugeln lagen darin. Sie sahen teuer aus.

Nicht weiter als am Anfang

"**La vache!**", entschlüpfte es Natalie. "Les boules bleues!"
"Une, deux, trois, quatre", zählte Hanno.
Von sechs Kugeln fehlten zwei. Eigentlich dürfte doch nur eine fehlen! Nämlich, die, die man bei der Bäckerei gefunden hatte. Es waren aber wirklich nur vier Kugeln in dem Köfferchen. Wo war die fünfte Kugel?
"Le seau de peinture n'est pas là **non plus**", sagte Natalie. "**C'est mauvais signe.**"
Wie hatte sich Jérôme nur Zutritt zum Glockenturm verschafft? Jedenfalls schlich er wahrscheinlich genau in diesem Moment mit Farbe und Kugel um die Häuser, bereit zur nächsten Tat.
Hanno beugte sich aus dem Südfenster, um nach weiteren Solaranlagen Ausschau zu halten. Von oben sah er den menschenleeren, von Bäumen gesäumten Marktplatz. Sogar den Eingang der Bar konnte er von hier aus erkennen. Und siehe da, war das nicht Jérôme dort? Von rechts näherte sich eine dickliche Gestalt im Blaumann, die eine dunkle Jacke darüber trug. Eine goldene Knopfreihe blitzte in der Sonne.

La vache! Donnerwetter!
non plus auch nicht
C'est mauvais signe. Das ist ein schlechtes Zeichen.

"Jérôme", hauchte Natalie, die halb auf Hannos Rücken lag, um über seine Schulter hinweg einen Blick durch das schmale Fenster zu ergattern.
"Mais il **n'**a **ni** seau **ni** pinceau", stellte Hanno fest.
Jérôme verschwand im Eingang der Bar.

Fast im selben Moment hörte Hanno einen Krach, gefolgt von einem Geräusch, als würde Glas zersplittern. Hanno sah noch, wie ein Schatten zwischen die Bäume um den Marktplatz huschte und in den anliegenden Gärten verschwand. Hatte er sich getäuscht oder hatte der Schatten wirklich einen gelben Eimer getragen?

Porsche war schon an der Tür und sauste die Stufen hinunter. Hanno und Natalie rannten hinterher.
Als sie aus dem Glockenturm traten, leuchtete ihnen vom Haus gegenüber eine knallgelbe Inschrift entgegen. Es war das Haus mit der schwarzen Solarfassade.
"Le soleil ne brille pas seulement pour les vainqueurs", stand auf der Wand. Die Farbe war noch feucht. Von den Buchstaben liefen lange, gelbe Schlieren herunter. Hanno und Natalie rannten auf die Straße, um die Fassade zu betrachten. Die Kollektoren zeigten an einer Stelle ein großes, dunkles Loch. Drum herum

---

ne … ni … ni weder … noch

ragten Splitter in die Luft, und auch der Boden war mit Splittern bedeckt.
Porsche trabte ein paar Meter weiter, stellte sich hin und bellte. Vor ihm lag eine glänzende blaue Boulekugel am Straßenrand.
"Oh, non!" Natalie stieß Hanno in die Seite und nickte zur gegenüberliegenden Straßenseite.

Aus der Bar marschierte wichtigtuerisch ein Polizeibeamter, gefolgt von einem Tross von Männern. Ihnen voran Graisseux mit Jérôme im Schlepptau. Graisseux fiel das Gesicht herunter, als er Hanno, Natalie und Porsche sah. Aufgeregt wisperte er dem Polizisten etwas ins Ohr und wedelte dabei mit dem Arm in ihre Richtung. Der Polizist kam auf sie zu.
"Bonjour les détectives – ou plutôt les **malfaiteurs**?", sagte er mit einem teuflischen Grinsen.
Er warf Natalie einen bösen Blick zu. Hanno schwieg. Auch Natalie blieb stumm.
Inzwischen waren Graisseux und Jérôme eingetroffen.
"**En flagrant délit**", geiferte Graisseux und rieb sich mit Genugtuung seine fetten Hände.
"Voilà la boule", rief Jérôme und deutete auf die Kugel am Boden.
Der Polizist baute sich vor Natalie auf.

---

malfaiteurs Übeltäter
en flagrant délit auf frischer Tat

"Aides-tu ton père à gagner un peu d'argent?" fragte er sie.
Dabei guckte er Beifall heischend in die Runde. Jérôme stieß ein fieses Lachen aus und spendierte einen Applaus.
"C'est **noble**. Mais **malheureusement** c'est **criminel**", fuhr der Polizist an Natalie gewandt fort. "Je dois vous **emmener** au **poste de police**."

---

noble edelmütig
malheureusement leider
criminel kriminell
emmener mitnehmen
poste de police Polizeiwache

Hanno hatte das Gefühl, sein Hals würde anschwellen. Woher nahm dieser Polizist das Recht, sie einfach einzusacken?
"On n'a rien fait!", rief er mit trockenem Mund.
"On verra ça", tat der Polizist seinen Einwurf ab. "Deux suspects, un **instrument du crime**" – er deutete auf die Kugel – "et une **infraction**, **c'est suffisant**."
Natalie hatte dem Ganzen wortlos zugesehen.
Jetzt spuckte sie dem Polizisten den Kaugummi vor die Füße. Sie schaute ihm gerade in die Augen und fragte mit fester Stimme: "Et où est-ce qu'on a caché la peinture jaune?"

Dabei zog sie mit beiden Händen ihre Jacke auseinander und tat so, als suche sie etwas in den Innentaschen.
"Quelle peinture?", fragte der Polizist überrascht.
"La peinture pour écrire l'inscription", sagte Natalie. Richtig, der Polizeibeamte hatte ja die Inschrift noch gar nicht gesehen! Wie geschickt Natalie die Situation zu ihren Gunsten wendete! Ein Hoffnungsschimmer erfasste Hanno. Dank ihrer Schlagfertigkeit würden sie vielleicht doch noch davon kommen.
Graisseux und Jérôme wechselten verdutzte Blicke.

---

instrument du crime Tatmittel
infraction Straftat
c'est suffisant das ist ausreichend

Der Polizist schritt gemessen um die Hausecke und stierte auf die leuchtend gelben Buchstaben. In die Stille hinein erklärte Hanno, wie Natalie und er den Knall gehört hatten. Dass sie dabei auf dem Glockenturm gewesen waren, ließ er allerdings weg. Genau wie den Schatten zwischen den Bäumen – den hätte man von unten nämlich gar nicht sehen können.
“**Finalement**, c'est plus **compliqué** que ça”, murmelte der Polizist. “Je dois les **libérer**”, sagte er an Graisseux gewandt.
Jérôme hingen vor Enttäuschung die Mundwinkel herunter.

Die Detektive mussten sich unbedingt beratschlagen.
“Viens, **on s'assoit** devant l'entrée du clocher”, schlug Hanno vor.
Die Tür zum Glockenturm war jetzt fest verschlossen.
“Comment c'est **possible** ?”, rief Natalie.
Der Übeltäter musste hier gewesen sein, während sie mit dem Polizisten diskutierten! Er hatte den Eimer wieder oben versteckt und war verschwunden.
“Nous nous sommes trompés”, sagte Hanno. “Ce n'est pas Jérôme.”

---

finalement letztlich
compliqué verzwickt
libérer auf freien Fuß setzen
on s'assoit wir setzen uns
possible möglich

"Graisseux a un autre complice", mutmaßte Natalie. "**On doit recommencer à zéro.**"
Sie spielte mit dem Taschentuch in ihrer Hosentasche, wobei die Plastiktüte leise knisterte.
"Qui a la clé du clocher?", fragte Hanno.
"Le curé et Vincent, son **neveu**", entgegnete Natalie.
"Le curé est en vacances. Il **ne** reste **que** Vincent!", folgerte Hanno.
"C'est difficile à croire", entgegnete Natalie. "Quel est son motif?"
Hanno musste zugeben, dass er keinen blassen Schimmer hatte, was Vincent dazu treiben mochte, sich zum Handlanger für Graisseux' schmutzige Geschäfte zu machen.
"Vincent a-t-il un alibi?", fragte Natalie.
"Appelle ton ami Pierre", schlug Hanno vor.
Vielleicht hatte Vincent ja diesen Nachmittag seelenruhig den Maserati lackiert. Ein Anruf in der Werkstatt würde das zeigen.

Natalie angelte ihr Handy aus der Jackentasche. Sie tippte eine Taste und stellte auf laut. Hanno hörte es deutlich tuten.

On doit recommancer à zéro. Wir müssen wieder ganz von vorn anfangen.
neveu Neffe
ne … que nur

"Ne parle pas du clocher!", bat er Natalie.
Vielleicht war es besser, wenn niemand von ihrem Ausflug erfuhr, bis die Sache klar war.
Im Telefon klickte es und Hanno hörte Pierres Stimme: "Allô? Garage Pierre & Vincent!"
"Salut, c'est Natalie", sagte Natalie.
Sie erzählte Pierre von der neuen Inschrift und dass sie wussten, wo die Kugeln waren. Dann machte sie eine dramatische Pause und fragte Pierre, ob Vincent die ganze Zeit über in der Werkstatt gewesen sei.
Die Antwort war enttäuschend: "Je ne sais pas. **Je viens juste de rentrer**", sagte Pierre. "Mais attends une seconde!"
Es folgte eine längere Stille.
"Qu'est-ce qu'il fait?", fragte Hanno.
Natalie hielt das Handy dicht zwischen ihren beiden Köpfen. Kurz darauf war Pierre nur noch sehr leise zu hören. Offenbar hielt er das Telefon weit weg von seinem Mund.
Man hörte ihn fragen: "Vincent, il y a Natalie au téléphone. Elle veut savoir **si** tu étais au garage tout l'après-midi!"
Pause. Hanno hielt den Atem an.
Dann wieder Pierre: "C'est à cause des panneaux solaires qui ont été abimés."

---

je viens juste de rentrer ich komme gerade zurück
si ob

Pause.
Dann hörte man wieder Pierre: “Natalie et son copain ont trouvé les fameuses boules.”
Nach einer kurzen Pause sagte Pierre wieder laut und deutlich ins Telefon: “Vincent était au garage tout l’après-midi.”
“Merci, Pierre”, antwortete Natalie tonlos.
Dann schlug sie die Hände vors Gesicht und senkte den Kopf. Durch ihre Finger hindurch schielte sie zu Hanno herüber. Der naive Pierre hatte alles verpatzt!
“**Ce n’est pas ta faute**”, sagte Hanno.
Er zögerte kurz und strich ihr dann leicht über den Rücken.

Ein selbst ausgesprochenes Alibi war natürlich völlig nutzlos. Zudem hatte Pierre ihrem Hauptverdächtigen brühwarm klar gemacht, dass die Detektive kurz davor standen, ihn zu überführen! Wie würde Vincent darauf reagieren? Natalie hatte sich wieder gefasst.
“Il suffit de surveiller l’entrée du clocher”, stellte sie fest.
Wenn Vincent sich eine neue Kugel holen wollte, würden sie die Polizei rufen.

Ce n’est pas ta faute. Du kannst nichts dafür.

“**Et allez hop!**” malte sich Natalie die Verhaftung aus.
“Bonne idée!”, pflichtete Hanno ihr bei.
Jetzt schien es ganz einfach, den Missetäter zu schnappen.
Zu dumm, dass Hanno wirklich dringend wieder nach Hause musste. Es war schon viertel vor sechs. Um halb sieben würde Tante Bo zum Essen kommen. Sie war seine Lieblingstante. Hanno hatte fest versprochen, dann zu Hause zu sein.
“On **continue** demain, d’accord?”, fragte er. “Je viens à dix heures”.
Natalie guckte auf den Boden und sagte nichts.

Bei den Leroux schloss Hanno sein Fahrrad auf. Als er in die Pedale trat, sprang Porsche ein paar Schritte neben ihm her, als wolle er ihn zurückhalten.

Et allez hop! hier: Abgeführt!
continue machen … weiter

Sportsfreunde

Als er am Kernkraftwerk vorbei fuhr, strampelte Hanno so schnell er konnte. Insgeheim trainierte er für das Maserati-Wettrennen. Er flitzte millimeternah an den Autos vorbei, die neben ihm im Stau vor der Rheinbrücke standen. Wenn nur die Hälfte der Automobilisten Rad fahren würde, wären alle doppelt so schnell am Ziel! Hannos Gedanken kehrten immer wieder zu Natalie zurück. Konnte er sich darauf verlassen, dass sie sich nicht in Gefahr begab? Was, wenn sie Vincent in die Fänge geriet? Und warum spielte Pierres Kollege das dreckige Spiel von Graisseux mit? Gab es eine geheime Verbindung zwischen Graisseux und Vincent? – Hanno bremste scharf, fast wäre er an seinem eigenen Haus vorbeigesaust.

“Der verlorene Sohn”, empfing Sabine ihren Sohn trocken. Ein sicheres Zeichen dafür, dass sie sich freute.
“Sag bitte deinem Vater Bescheid, dass wir essen. Er spielt im Keller E-Gitarre. Bo wartet im Wohnzimmer auf dich”, spannte seine Mutter ihn ein.
Hanno mochte Bo, weil sie mindestens genauso fahrradbegeistert war wie er. Mit ihr konnte er sich stundenlang über seine neusten Touren und Rekorde unterhalten.

"Dieses Jahr fahre ich den Super Cup", sagte Bo, "mit meinem neuen Mountainbike. Fährst du mit?"
Hannos Herz hüpfte. Mit Tante Bo im Team ein kurvenreiches Rennen durch den Schwarzwald fahren? Einen tolleren Vorschlag hätte sie ihm nicht machen können! Er stellte sich vor, wie er Natalie eine goldene Siegermedaille präsentieren würde, und richtete sich unwillkürlich kerzengerade auf. Dann fiel im etwas ein, was ihn wieder zusammensacken ließ.
"Bo, ich habe kein Mountainbike! Mit meinem Rad bin ich bergauf echt 'ne Schnecke."
"Hanno, es geht doch ums Mitmachen", sagte Sabine. Sie konnte treffsicher gerade die Art von Gedanken erraten, die Hanno auf jeden Fall für sich behalten wollte.
"Ach, wir beide lassen uns den Spaß am Radfahren doch nicht wegen eines Mountainbikes nehmen, was?", knuffte Bo Hanno. "Die Sonne scheint schließlich nicht nur für die Gewinner. Ich freue mich sehr, dass du mitfährst!"

Bei Bos Worten klickte etwas in Hannos Hirn. Hatte er das nicht schon mal irgendwo gehört? Er setzte sich vor der Haustür auf die Treppe und starrte auf das Haus gegenüber, ohne richtig hinzusehen. Vor seinem inneren Auge sah er plötzlich eine gelbe Schrift aufleuchten. Hanno schlug sich vor den Kopf.

Klar, das war es: "Le soleil ne brille pas seulement pour les vainqueurs"! Die geheimnisvolle Inschrift stimmte merkwürdig mit dem überein, was Tante Bo gesagt hatte. Die Inschrift bezog sich allerdings auf Sonnenenergie, Bos Worte auf den Sport. Also kein Zusammenhang – oder etwa doch?

Plötzlich drängten sich Hanno Bilder aus seinem Gedächtnis auf. Das Bouleturnier. Die drei Pokale auf dem Regal in der Werkstatt. Vincent, der missmutig gegen Marc Leroux antrat. Pierres Worte über Vincent: "seul", "depuis un an". Hanno fragte sich, was vor einem Jahr wohl passiert war, dass Vincent sich so verändert hatte. Aber klar, da hatte Marc Leroux zum ersten Mal das Bouleturnier gewonnen! Bevor Marc Leroux ins Dorf gezogen war, musste Vincent jahrelang unbestrittener Boulemeister gewesen sein. Hier ging es offenbar um die Rache eines schlechten Verlierers! Dabei sollte es so aussehen, als ginge es um Sonnenenergie. Er hatte den Verdacht geschickt auf Graisseux gelenkt. Die Detektive waren ihm aufgesessen wie die Fliegen dem Honigstreifen.
Hanno fühlte sich, als hätte er gerade den Super Cup gewonnen. Zufrieden schlug er seine Faust in die Handfläche. Der Fall war gelöst! Das musste er Natalie erzählen.
Er malte sich aus, wie er sie anrufen würde: "Je sais tout! C'est Vincent."

“Mais on ne connaît **toujours pas** son motif”, würde Natalie einwenden.
Hanno würde antworten: “**Si**. La **jalousie**.”
Dann würde er alles erklären.
“Tu es génial”, würde Natalie ihn bewundern.
Wirklich? Plötzlich mischte sich Unwohlsein in Hannos Gedanken. Es gab ja noch eine zweite Möglichkeit.
Natalie könnte auch sagen: “Mais ce n’est pas Vincent l’**ancien** vainqueur, c’est Pierre!”
Hanno überprüfte sein Gedächtnis nochmals gründlich: Hatte er wirklich gesehen, wer von den beiden Automechanikern die Pokale gewonnen hatte? Nein! Hanno hatte nur auf Vincent getippt, weil Natalie und er ihn sowieso verdächtigten. Aber der dicke Schlüssel hing doch in der Autowerkstatt! Auch Pierre hatte Zugriff darauf!

Hanno erinnerte sich wieder an das Bouleturnier. Als die Kugel bei der Bäckerei eingeschlagen hatte, waren weder Pierre noch Vincent zu sehen gewesen. Beide konnten die verfluchte Kugel geworfen haben. Hanno fiel ein, wie Pierre Porsche mit Speck gefüttert

toujours pas immer noch nicht
si doch
jalousie Neid
ancien vormalige

hatte – um ihn friedlich zu stimmen? Hanno lief es kalt den Rücken herunter, bei dem Gedanken, dass Natalie womöglich dem Falschen vertraute. Wenn sie am Glockenturm wartete und Pierre dort sah, würde sie bestimmt sagen: “Pierre, les preuves contre Vincent sont là-haut. Viens, je te les montre!”
Hanno wagte nicht, sich auszumalen, was Pierre mit Natalie anstellen mochte, damit sie ihm nicht auf die Schliche kam. Seine Gedanken sprangen hin und her. Er musste unbedingt mit ihr sprechen!

Hanno fummelte den Zettel mit Natalies Handynummer aus seiner Hosentasche. Auf dem Weg zum Telefon rannte er seinen Vater fast über den Haufen.
“Was ist denn mit dir los?”, rief Steffen, aber Hanno antwortete nicht.
“À qui appartiennent les coupes dans le garage? Qui était le vainqueur avant Marc Leroux?”, formte er stumm mit den Lippen, während er das Telefon ans Ohr presste. Es tutete 18, 19, 20 mal. Natalie antwortete nicht.

Natalie in Gefahr

Hanno schaute auf die Uhr. Es war halb neun. Vielleicht war Natalie einfach todmüde ins Bett gefallen? Schließlich hatten sie beide heute einen richtigen Mördertag erlebt. Er selbst fühlte sich komischerweise kein bisschen müde. Wenn nur mit Natalie alles in Ordnung war! Dummerweise hatte er keine Telefonnummer von ihren Eltern. Hanno eilte ins Arbeitszimmer seiner Mutter und schaltete den Computer an. Er öffnete den Internetbrowser und gab hastig "Marc Leroux" + "capteurs solaires" ein. Es erschienen nur zwei Einträge, von denen keiner passte. Mit "**Pages Jaunes**" versuchte es Hanno noch einmal. Ins Feld "Quoi/Qui" gab er "**énergie solaire**" ein. Und bei "Où" schrieb er "**Alsace**". Der Browser zeigte eine lange Liste an. "Lacroix, Legrand, Ledoux, Leroux – das ist er: Leroux Marc, 17, rue des Vosges", las Hanno.

Fieberhaft tippte er die internationale Vorwahl "0033", eine 3 für das Elsass und dann die Nummer. Nach dreimal klingeln nahm Marc Leroux das Gespräch an.

Pages Jaunes Gelbe Seiten
énergie solaire Sonnenenergie
Alsace Elsass

"**Bonsoir** monsieur, c'est Hanno", sagte Hanno.
"Bonsoir Hanno!" rief Marc Leroux. "Natalie n'est pas là. Elle est chez Pierre. As-tu son numéro de portable?"
Hanno fühlte, wie sein Atem aussetzte und das Herz abwärts durch die Rippen sauste.
Er machte sich schreckliche Sorgen um Natalie.
Kaum war das Gespräch beendet, sauste Hanno in den Keller. Sein Vater hatte mal wieder seine Kopfhörer auf und spielte Gitarre. Hanno schnappte sich einen Stuhl, parkte ihn neben Steffen und hob den Kopfhörer von den Ohren ab.
"Bitte, du *musst* mit mir zu Natalie fahren. Bitte!", flehte er.
Steffen guckte ihn ärgerlich und überrascht an.
"Geht's noch?"
Er wies auf eine Bierflasche, die auf dem Verstärker stand. Hanno bemerkte erleichtert, dass sich noch fast der gesamte Inhalt darin befand.
"Ich hab Feierabend", brummte Steffen. "Wenn du um diese Zeit noch eine Radtour machen willst, frag doch Bo."
"Doch nicht mit dem Rad", rief Hanno. "Mit dem Auto! Schnell! Vielleicht ist Natalie entführt worden!"
Hannos Nerven waren zum Zerreißen gespannt.

---

bonsoir guten Abend

“Langsam, langsam”, sagte Steffen und legte die Gitarre weg. “Jetzt erzähl erst mal von vorn.”
Hanno erklärte das Wichtigste. Die Episode mit dem Kernkraftwerk gehörte definitiv nicht dazu. Viel wichtiger war, dass Natalie sich in Gefahr befand.
“Okay”, sagte Steffen, “fahren wir!”
So hatte Hanno seinen Vater noch nicht erlebt.

Sie verließen den Ort über einen Teerweg, der eigentlich für Mopeds und Traktoren reserviert war. Zu Hannos Überraschung hielt Steffen aber nicht auf die Autobahnbrücke zu, sondern folgte einem Feldweg, der kurz vorher abzweigte. Nach ein paar Metern endete der Weg an der Autobahn.
“Mist, wir müssen umdrehen!”, rief Hanno.
Aber Steffen bog einfach auf die Standspur und fädelte sich ein!
“Willst du deine Freundin retten oder nicht?”, fragte er und gab seinem alten Ford die Sporen.
Sie rasten auf der Überholspur bis zur nächsten Ausfahrt. Dann schwang Steffen den Wagen durch die kurvenreiche Strecke an den Rheinschleusen, dass die Reifen nur so quietschten. Hanno wies Steffen den Weg zur Autowerkstatt. Als sie mit einem Ruck neben den aufgestapelten Reifen hielten, musste Hanno anerkennend feststellen, dass sein Vater es in neun Minuten und vier Sekunden bis hierher geschafft hatte.

In der Werkstatttür erschien Pierre. Er trug ein Brecheisen in der Hand und sah blass aus. Im Lichtschein der Werkstatt bemerkte Hanno, wie das schwere Werkzeug in Pierres Hand zitterte. Hinter ihm drängelte sich Porsche aus der Tür und sprang irgendwie erleichtert auf Hanno zu.
“**Que tu es sage!**”, begrüßte ihn Hanno.
Aber wo war Natalie?
“C’est **affreux**”, schluchzte Pierre.

Que tu es sage! Was bist du brav!
affreux schrecklich

Er erzählte, wie Natalie ihm im Büro von ihrem Verdacht erzählt hatte. Vincent hatte gerade den Maserati aus der Werkstatt gefahren. Dann war er plötzlich zurückgekommen und hatte das Telefonkabel aus der Wand gerissen. Er hatte Pierres Handy vom Tisch geschnappt und die strampelnde Natalie gepackt. Pierre hatte noch gesehen, wie sie sich losriss und wegrannte. Porsche war ihr nachgerannt. Aber Vincent war einfach schneller gewesen. Er hatte Porsche einen Tritt versetzt und Natalie in den Maserati geworfen.
"Et maintenant ... je ne sais pas où ils sont", wimmerte Pierre.

War seine Verzweiflung echt oder gespielt? Hatte Pierre selbst Natalie irgendwo hin verschleppt und schob die Schuld nun Vincent zu? Wie konnte Hanno herausfinden, ob Pierre die Wahrheit sagte? Da fiel sein Blick auf ein zerknülltes Plastiktütchen, das bei den Reifen am Boden lag. Das rotkarierte Taschentuch! Es musste bei dem Gerangel aus Natalies Hosentasche gerutscht sein. Das war die Lösung!
Hanno kombinierte fieberhaft: Porsche hatte die Spur von Marc Leroux' Werkstatt bis zum Kernkraftwerk verfolgt. Wenn das Taschentuch dem Täter gehörte, dann hatte Porsche die Spur der Täters verfolgt. Vincent oder Pierre, einer der beiden musste direkt nach dem Einbruch zum Kernkraftwerk

spaziert sein, um den Maserati vom Parkplatz abzuholen. Hanno musste nur herausfinden, welcher es gewesen war.

"Est-ce que tu peux me montrer la **quittance** du directeur de la centrale nucléaire pour la Maserati?", bat er Pierre.

"L'**accusé de réception**?", fragte Pierre. "**Ça ne te servira à rien**", murmelte er, legte das Brecheisen auf der Motorhaube des Fords ab, verschwand in der Werkstatt und kam kurz darauf mit einem Blatt Papier zurück.

"Maserati noire **récupérée**", las Hanno. Darunter stand, krakelig, aber gut leserlich: "Vincent".

Hanno ließ einen Freudenschrei los. Sie konnten Pierre vertrauen! Hanno ging schnurstracks in die Werkstatt und schaute nach dem Schlüssel am rostigen Nagel neben der Eingangstür. Da war nur der Nagel. Pierre war Hanno gefolgt.

"La clé n'est pas là", bemerkte er verblüfft.

"Je sais où se trouve Natalie!", rief Hanno.

Die drei stiegen in Steffens Wagen. Mit jaulendem Motor brauste der Ford davon.

---

quittance Quittung
accusé de réception Empfangsbescheinigung
ça ne te servira à rien das wird dir nicht helfen
récupérée entgegengenommen

Erleichterung

Steffen parkte am Straßenrand vor der zerstörten Solarfassade. Als erster hüpfte Porsche aus dem Wagen. In großen Sätzen sprang er um die Ecke, stellte sich vor die Tür zum Glockenturm, wedelte mit dem Schwanz und bellte.

"Ce chien est excellent", bemerkte Pierre bewundernd.

Hanno nickte. Dank Porsches Bellen war er sich jetzt auch sicher, dass er richtig geraten hatte, wohin Vincent Natalie verschleppt hatte. Er sah sich um. Was war nur vor dem Kirchturm geschehen? Große Lachen knallgelber Malerfarbe bedeckten den Boden und verliefen sich in den Rillen der Pflastersteine. An einigen Stellen stand die Farbe dickflüssig wie Vanillepudding am Boden. Knallgelbe Reifenspuren führten von hier auf die Straße und bogen in Richtung Rhein ab. Pierre beugte sich über die Spur und kniff im Licht der Straßenlaterne die Augen zusammen.

"Ce sont les **pneus** de la Maserati", sagte er.

"Vincent **essaie** de **s'enfuir** en Allemagne", überlegte Hanno.

---

pneus Reifen
essaie versucht
s'enfuir entfliehen

“Et **ensuite en Suisse**”, ergänzte Pierre. “Appelons la police!”
“Hast du dein Handy dabei?” fragte Hanno seinen Vater. Steffen warf es Hanno zu, der es Pierre weiterreichte.
“Il faut **taper** zero zero trente-trois et **puis** le numéro”, erklärte Hanno.

Während Pierre wählte, rüttelten Hanno und Steffen an der Kirchturmtür. Es war nichts zu machen. Sie bewegte sich keinen Zentimeter. Hanno fühlte Verzweiflung in sich aufsteigen. Sicher brauchte Natalie dringend ihre Hilfe.

Auch Pierre, der sein Gespräch beendet hatte, gelang es nicht die Tür aufzuziehen. Plötzlich schlug er sich die Hand vor die Stirn.
“J’ai mon **pied-de-biche** dans la voiture!”
Er rannte zum Auto und kam mit dem gewichtigen Werkzeug zurück. Dann schob er es zwischen Tür und Mauer und stemmte sich mit aller Kraft dagegen. Nach nicht einmal zwanzig Sekunden gab die Tür nach.

---

ensuite anschließend
en Suisse in die Schweiz
taper eintippen
puis dann
pied-de-biche Brechstange

"Enfin! Pierre, toi aussi, tu es excellent", strahlte Hanno.

Porsche schoss geradezu ins Gebäude hinein und die Stufen hoch. Hanno versuchte, immer zwei Stufen auf einmal zu nehmen, weshalb er bei der undurchdringlichen Finsternis im Turm ständig stolperte. Komischerweise spürte er überhaupt keine Angst. Pierre folgte Hanno in einigem Abstand. Steffen war offenbar der Ansicht, dass es reichte, wenn zwei Leute sich den Hals brechen wollten. Zumindest hörte Hanno unter sich ein gemächliches, tastendes Poltern, das er auf Steffens Cowboy-Stiefel zurückführte.

Als Hanno oben ankam, rannte er direkt in Porsche, der als dunkler massiger Kloß auf der obersten Treppenstufe kauerte. Die Tür zur Plattform war zu.
"Excuse-moi, Porsche", flüsterte Hanno und rief: "Natalie!"
Er drückte auf die Klinke – zum Glück hatte Vincent nicht auch diese Tür versperrt! Als er sie öffnete, fiel etwas Dunkles, Langes in seine Arme.

Zum Glück war es dunkel, und Natalie konnte nicht sehen, wie er rot wurde. Sie legte Hanno die Arme auf die Schultern, schob ihn von sich weg, zog ihn dann wieder heran und drückte ihm einen Kuss auf die Wange.

“**Pardon,** mais …”, sagte sie, “**je suis contente de te voir!**”
Dann spuckte sie einen Kaugummi aus. Zum ersten Mal freute sich Hanno über ihre Gewohnheiten.
“**On ne te changera pas**”, stieß er erleichtert hervor.
Natalie ließ sich langsam zu Boden sinken.
“**J'ai mal aux chevilles**”, stöhnte sie.
Hanno kniete sich zu ihr und ertastete direkt über ihren Füßen ein dickes Seil mit einem festen Knoten. Porsche sprang aufgeregt über Natalies ausgestreckten Beinen hin und her.
“Porsche, **mon vieux**, **tu m'as manqué**!”, sagte Natalie und knuddelte den Hund, der gar nicht von ihr ablassen wollte.
Inzwischen war auch Pierre oben angekommen.
“Natalie, **mon Dieu**”, rief er, “**comment vas-tu?**”
Auch Steffen hatte es nach oben geschafft.
“Du liebe Güte”, erschrak er sich, als er begriff, was vor sich ging.

---

pardon entschuldige
je suis contente de te voir ich freue mich, dich zu sehen
On ne te changera pas. Du bist unverbesserlich.
j'ai mal aux chevilles meine Knöchel tun weh
mon vieux hier: mein alter Freund
tu m'as manqué du hast mir gefehlt
mon Dieu mein Gott
comment vas-tu wie geht es dir

"Est-ce que quelqu'un peut **enlever** cette **corde**?" fragte Natalie.
Wieder war es Pierre, dem es gelang.
"Vincent et ses **nœuds**", fluchte er.
Natalie rieb sich erleichtert die Knöchel.
"Tu sais quoi Hanno? Les vélos peuvent être **utiles**", sagte sie, "pour **fuir**!"
Was waren das denn für Töne?

---

enlever abmachen
corde Seil
nœuds Knoten
utiles nützlich
fuir flüchten

"À vélo on est plus rapide que quelqu'un qui court", sagte Natalie.
Natürlich, ihr Fluchtversuch vor Vincent war gescheitert. Jetzt erkannte Natalie wenigstens an, dass Fahrräder auch mal ganz dienlich sein konnten.
"Dans la Maserati, Vincent m'a donné une **baffe**", erzählte sie weiter. "**J'ai perdu conscience.** Quand je me suis réveillée ici, Vincent **était en train** de me **coller** ce **ruban** sur la bouche. Puis, il a **ligoté** mes jambes et mes bras."
"Incroyable", staunte Pierre, der Vincent soviel Kaltblütigkeit nicht zugetraut hatte.
Natalie fuhr fort: "Vincent m'a dit: **tant pis pour toi!** Toi et ton ami, **vous dérangez mon plan**!"
Vincent hatte Marc Leroux und seine Familie aus dem Dorf ekeln wollen. Er wäre so gern wieder Boulesieger geworden.
"C'est trop tard maintenant. **Je quitte le village**", hatte Vincent zu Natalie gesagt.

---

baffe Ohrfeige
J'ai perdu conscience. Ich bin ohnmächtig geworden.
était en train (de) war damit beschäftigt
coller kleben
ruban Band
ligoté gefesselt
Tant pis pour toi! Dein Pech!
vous dérangez mon plan ihr bringt meinen Plan durcheinander
je quitte le village ich verlasse das Dorf

Hanno merkte, dass irgendetwas in ihm Verständnis aufbrachte für Vincents Gekränktheit. Aber durfte man deshalb anderen Menschen schaden? Nein!
"Mais pourquoi il y a de la peinture devant le clocher?", fragte Hanno.
"J'ai entendu Vincent **descendre l'escalier**. **J'ai réussi à libérer mes mains. En sautillant,** je suis arrivée à l'**armoire** où j'ai pris le seau de peinture. Il était lourd!", erzählte sie weiter. "**Puis, je l'ai lancé par la fenêtre.**Une seconde plus tard, j'ai entendu un **bruit sourd** sur la **carrosserie**. Puis le **moteur**."
"**Touché!**", rief Pierre genüsslich.
"La Maserati doit avoir un toit jaune maintenant", freute sich Hanno.
Diese Vorstellung war offenbar zu viel für Natalie. Mit einem Seufzer verlor sie wieder das Bewusstsein.

descendre l'escalier die Treppe runtergehen
J'ai réussi à libérer mes mains. Es ist mir gelungen, meine Hände zu befreien.
en sautillant hüpfend
armoire Schrank
Puis, je l'ai lancé par la fenêtre. Dann habe ich ihn aus dem Fenster geworfen.
bruit sourd dumpfes Geräusch
carrosserie Karosserie
moteur Motor
Touché! Angeschlagen!

Ein Traum erfüllt sich

Einen ganzen Tag lang durfte Hanno Natalie nicht sehen.
"**Elle a besoin de calme**", hatte Estelle Leroux ihm am Telefon gesagt. "Viens demain!"
Stattdessen hatte ein Zeitungsreporter angerufen.
"Hanno Hage? Félicitations! Raconte-moi comment tu as libéré Natalie Leroux, s'il te plaît!"
Haarklein erzählte Hanno, wie er sich erst nicht sicher war, ob er Pierre vertrauen konnte, und wie sie alle zusammen Natalie gefunden hatten.
"C'est grace à Porsche", schloss er.
"**Tout est bien qui finit bien**", sagte der Reporter.

Jetzt sprang er endlich vor dem Haus der Leroux vom Fahrrad.
"Natalie va mieux", rief ihm Estelle zu.
Sie winkte ihn in die Solar-Werkstatt. Drinnen saß Marc Leroux auf einem Stuhl und polierte mit einem Lappen seine blauen Boulekugeln. Er stand auf und schüttelte Hanno dankbar die Hand.
"Merci pour tout Hanno."
Hanno sah Natalie und Porsche aus dem Haus kommen. Er ging ihnen entgegen. Porsche wuffte

---

elle a besoin de calme sie braucht Ruhe
Tout est bien qui finit bien. Ende gut, alles gut.

laut und drängte sich freundschaftlich an Hannos Bein. Hanno streichelte ihm über den Kopf und beschloss, sich heute an der pinken Schleife nicht weiter zu stören. Natalie trug eine viel zu große Sonnenbrille. Unter dem Rand des linken Glases färbte sich ihre Backe merkwürdig blau. Hanno hätte auch schwören können, dass die linke Backe dicker war als die rechte, was die Brille in eine leichte Schieflage brachte. Natalie schwenkte die Zeitung. "**Vincent a été arrêté!**", rief sie.

Am Vortag hatte die Polizei den Leroux einen Besuch abgestattet und von Vincents Verhaftung erzählt. Nach Pierres Anruf hatten sich drei Streifenwagen an seine Fersen gehängt.
"**Des bagnoles hyper cool!** Subaru Impreza, **vitesse maximale** deux cent quarante-quatre **kilomètres à l'heure**", begeisterte sich Natalie.
Vincent war tatsächlich schon über den Rhein nach Deutschland abgedüst und auf der Autobahn Richtung Schweiz gebrettert. Dank den gelben Spuren und Farbspritzern, die der Maserati hinterließ – und

---

Vincent a été arrêté Vincent ist verhaftet worden
Des bagnoles hyper cool! Super coole Schlitten!
vitesse maximale Höchstgeschwindigkeit
kilomètres à l'heure Stundenkilometer

natürlich auch dank ihren eigenen Flitzern – hatten die Beamten ihn schon kurz hinter Freiburg gestellt.
“Regarde ce que le journal écrit sur nous”, rief Natalie aufgeregt.
Sie blätterte einige Seiten um und hielt Hanno dann eine dicke Schlagzeile unter die Nase.
“**Filou jaloux** – jeunes détectives **résolvent l'énigme solaire**”.
Hanno vertiefte sich mit Genuss in die Lektüre: Der Artikel lobte die Arbeit der Detektive über den grünen Klee.
Der Polizeichef sagte darin: “Je **remercie** Hanno et Natalie de leur **courage**.”

Auch Graisseux bezog Stellung zu seinen falschen Beschuldigungen gegen Marc Leroux.
“Je **regrette** mes **accusations**”, stand in der Zeitung, “mais le chien de Natalie Leroux est un animal dangereux qui mord d'**honorables citoyens**”.
Das verärgerte Hanno allerdings. Umso mehr freute er sich, als er zum Schluss des Artikels las: “**Néan-**

---

filou Gauner
jaloux eifersüchtig
résolvent l'énigme solaire lösen das Sonnenrätsel
remercie (de) danke
courage Mut
regrette bedaure
accusations Beschuldigungen
honorables citoyens ehrbare Bürger

moins, le chien Porsche semble être **particulièrement** intelligent."
Hanno grinste Natalie an, die Porsche einen freundschaftlichen Klaps versetzte.
"Tu sais où se trouve la Maserati maintenant?", fragte sie Hanno erwartungsvoll.
"**Aucune idée.**"
"Chez Pierre!" strahlte Natalie.
"Devine sa nouvelle couleur!" Hanno lächelte.
"Rose bonbon?", fragte er.
Natalie puffte ihn in die Seite. Aber Hanno lag noch etwas Ernsthaftes auf dem Herzen.
"Ecoute Natalie ...", Hanno stockte. "**En ce qui concerne notre pari** ... J'ai perdu."
"Comment ça?", fragte Natalie. "**Te défiles-tu?**"
Hanno erzählte ihr von der Fahrt mit Steffen. "Je sais déjà comment ça **se passerait**."
"Tant pis!", sagte Natalie. "J'ai une'idée encore plus drôle!"
"Oui?" fragte Hanno.

---

néanmoins dennoch
particulièrement außergewöhnlich
Aucune idée. Keine Ahnung.
En ce qui concerne notre pari ... Was unsere Wette betrifft ...
défiles-tu? Drückst du dich?
se passerait ablaufen würde

“Une **course cycliste**”, sagte Natalie.
Hanno traute seinen Ohren nicht. Aber Natalie führte ihn ins Haus: Im Wohnzimmer der Leroux standen zwei funkelnagelneue Mountainbikes mit vollgefedertem Carbon-Rahmen, Vario-Sattelstütze und Lenkerfernbedienung!
“Cadeau du directeur de la centrale nucléaire”, erklärte Natalie. “Il nous remercie d’avoir **retrouvé** la Maserati.”
Hanno fiel ein, dass sein Kiefer einen Muskel besaß, mit dem man den Mund wieder verschließen konnte. Schnell betätigte er ihn.
“Qu’est-ce que tu préfères comme **excursion**? Les Vosges ou la **Forêt Noire**?” fragte Natalie.

---

course cycliste Radrennen
retrouvé wiedergefunden
excursion Ausflug
Forêt Noire Schwarzwald